祝福

敬贈

轉眼不看自己的限制
仰望神的話語得力量

敬贈

轉服仰望神

定睛於神永恆不能震動
的國度！！！

蕭祥修

2021/6/28

轉眼仰望

太雅

帶著信心，走進神的心

常聽蕭祥修牧師講道的人，經常聽到他在講台上對著會眾拋出一句話：「你不相信沒關係，我相信！」有人因此笑稱蕭牧師患有「信心肥大症」。

但持續認識蕭牧師之後，我們發現蕭牧師的信心，並非天真，那是他倚靠聖靈，從聖經中掌握到的一個信仰亮光：他深信神一直在這地上找尋一種人，相信祂的話語必要成就的人，那麼，神蹟奇事必會隨著他的信心而發生。

蕭牧師帶著這樣對神的信心，透過他的傳講，常常提醒會眾「同意的力量」是何等具有影響力，我們若不是同意神的大能，就是同意罪的權勢，我們同意了哪一個？就帶下完全不一樣的結果。

蕭牧師在書中的信息，鼓勵大家「轉眼仰望」，就是一個把同意權交給主的智慧決定。當我們處在生命中的困境、軟弱時刻，若可以從著眼自己的困難，轉而抬頭仰望從神而來的角度、看待我們的處境，重生的盼望就來臨了！當我們仰望神、同意神的話語會成為我們的力量，我們就能經歷從苦難到希望，從谷底到山頂的蒙福人生。

蕭牧師選擇同意神的大能，即讓聖靈有極大的運作空間，真實帶領他走過一條以信心鋪設而成的恩典之路。也就是這樣的信心，讓蕭牧師在建立旌旗教會這 25 年來，即便各樣嚴峻的挑戰迎面而來，他都能對神應許的話語毫不懷疑，相信神必定會帶領成就合神心意的事，而當回過頭來數算恩典時，蕭牧師一次又一次應證神的信實。

從建立旌旗教會以來，蕭牧師領受神給他要在全球遍地植堂的異象，25 年來，他堅定擁抱這個異象從未動搖，真實經歷神帶領

他一步一步完成託付，其中，他特別領受到華人是屬神的產業，現今在全球的華人有十四億之多，且散布在世界各地，我們相信華人的確是福音廣傳的關鍵。

蕭牧師近年更深刻從神領受到「教會要成為天父的家」，擁抱無家可歸、心靈上孤苦無依的人，能夠回到神愛的家中，被神恢復正確的核心身分。

遍地植堂、華人宣教呼召、以天父的愛接納無家者，這些殷切地呼籲，不斷出現在蕭牧師的信息中，讓我們從中體會到一位牧師愛門徒的心，他何等期待尤其是身為華人的我們，千萬不要錯失了可以走進神心意、完成個人命定的祝福。

「最有力量的話語，就是說出自己所相信、親身經歷過的。」這也是為什麼蕭牧師傳講的信息，特別能抓住信眾眼光，幫助信眾重新調轉向神，得著力量。

本書收錄 19 篇蕭牧師近年來最受歡迎的講道集，在網路上點閱率已累積超過 480 萬人次之多，他們從痛苦、突然遭逢重大變故的生命幽谷，因著蕭牧師的講道，找到上帝、信從了耶穌，經歷了「人的盡頭是神的起頭」的盼望，足見蕭牧師講道的影響力。

若你渴望不斷從神的話語中得力量，或你正踏上信仰初信的道路，這本書都是為你們領受的。蕭牧師倚靠聖靈引導，將神的話語轉譯為生活化的講道風格，讓大部分的人能聽得懂、被激勵、有盼望。書中也創造了讓人與神相遇的時刻，蕭牧師會為正處在不容易狀況中的人禱告，使人得到平安、安慰、醫治。此外，也能透過書中的提問，安靜在神的同在中，向耶穌說說我們的感受，並向神禱告支取力量，生命將能繼續勇往向前。

劉育孜（本書編審）

目錄

仰望神的大能
突破困境

痛苦能使你更明白神對你生命的美好計畫，
祂絕不會在你痛苦時撇下你，
當你願意尋求神的幫助，祂必帶領你突破困境。

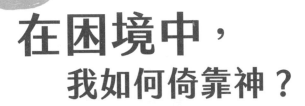

在困境中，
我如何倚靠神？

　　我們在安樂、富足、健康的時候，都會感謝讚美神；但當生命遇到不容易的時刻，也許是貧窮或疾病纏身、覺得挫折的低潮處境時，我們還能倚靠神嗎？這可能是人生很大的挑戰！很多人在這樣的處境下，可能就遠離神了。我們將從聖經中大衛的例子來看，在與神同行的道路中，當我們遇到困境時，應該要如何回應？

大衛用三個重要態度
面對困境

1 決定信任神的良善

　　「（大衛的金詩。）神啊，求你保佑我，因為我投靠你。」（詩篇十六篇1節）大衛在最困難的處境裡面，第一個反應就是來求告神、倚靠神。

　　當你在困境當中或人生遭遇挫折跟低潮的時候，還能夠信任神的良善嗎？這是一件很不容易的事情。很多人會說：「神啊，祢在哪裡呢？如果祢愛我，為什麼讓我遇到這麼痛苦的事情？」、「祢讓我遇到這種事情，就表示祢是一個不好的神！」我們很容易會有這樣的反應，很多人因為這些狀況，沒有辦法信任神的良善。

　　「我的心哪，你曾對耶和華說：你是我的主；我的好處不在你以外。」（詩篇十六篇2節）這是大衛遇到困難的時候，跟神傾訴自己的心聲。首先，「祢是我的主」這句話在舊約時期的以色列人跟神之間很少這樣子說，他們最常說：「祢是以色列的神，或者祢是亞伯拉罕、以撒、雅各的神。」頂多可以這樣子說：「祢是我們的神。」但是，大衛說：「祢是我的主。」這代表大衛跟神之間有一種很個人、特殊的關係，他心裡常常敬拜神、親近神。聖經中有很多大衛的詩篇都是在描述他跟神之間的關係。

［相信自己的好處不在神以外］

　　接著，大衛說：「我的好處不在祢以外。」當大衛遭遇困境的時候，他呼求神，並相信「自己的好處不在神以外。」這需要對神有很強大的信任，才有辦法做這樣的宣告。這樣的信心奠基於大衛對神的認識。他認識這一位神是慈愛充滿憐憫的、是公義聖潔的。最重要的是，這一位神是良善的神、祂是愛我的神。

在順遂的日子，對於上帝是良善的神，我們可以理解接受，但是，在人生遭遇低潮、困境，甚至性命不保的時候，我們還能夠對神的良善有這麼大的信心嗎？大衛有，而且他選擇繼續信任神的良善。「各樣美善的恩賜和各樣全備的賞賜都是從上頭來的，從眾光之父那裡降下來的；在他並沒有改變，也沒有轉動的影兒。」（雅各書一章17節）聖經說，一切的美善、一切的真理都是從神來的。大衛深知這件事情，當他遇到困境的時候，他相信神是美善的，也相信自己的好處不在神以外。

困難、痛苦會成為一個人的絆腳石還是踏腳石？關鍵就在於他如何面對眼前的困境！大衛選擇讓困難成為他的踏腳石，有一個先決條件，他必須認識並信任神。這是大衛他做出的決定，那你呢？

如果神沒有祝福你跟現在交往的對象，最後走進所期待的結局中，你會相信你的好處不在祂以外嗎？你信任神的良善嗎？你相信神會為你預備一個更適合你的配偶跟對象嗎？

如果你面對一個考試遇到挫折，沒有考上心目中期待的學校或某種執照，你相信祂會為你預備一個最適合你的工作或者職場嗎？

當你要投資事業的時候，你認真迫切地禱告，但這個投資並沒有讓你的事業更加成功或起色，反讓你遭致重挫，你相信祂可能正在調整你或者引導你人生的道路嗎？

　　當你身體罹患疾病，甚至知道這個疾病不容易治癒，你禱告求神醫治，神並沒有很快地醫治你，或是動工在你身上，你相信祂能夠陪伴你、供應你一切所需嗎？

［不以別神代替耶和華］

　　「論到世上的聖民，他們又美又善，是我最喜悅的。以別神代替耶和華的，他們的愁苦必加增；他們所澆奠的血我不獻上；我嘴唇也不提別神的名號。」（詩篇十六篇3-4節）

　　大衛在人生困境當中，相信神的美善，而且追求屬靈的好處，把自己放在神的聖民當中，跟那些認識神的人聚在一起。大衛從來沒有讓自己離開屬神兒女的群體，即便身處困境中，他仍然繼續敬拜神，沒有拿別的神來代替耶和華。

　　「以別神代替耶和華」也許不是膜拜一個雕刻的偶像，而是你拿別的東西代替耶和華。有些人把金錢、感情或人生目標，視為生命中最重要的項目，甚至超過神在你心中的地位。對大衛來說，他不追求這世界上大家認為好的，他的嘴也不提別神的名號，他只要神！大衛在困境中仍然選擇相信神，而且不離開神的百姓，他的心單單敬拜這一位神，這是相當不容易的決定。

　　很多人一開始來到教會很火熱，但是遇到一些挫折、困難的時候，就離開教會、離開神的百姓，不再敬拜神，真的好可惜！也許我們眼前充滿許多的困難和挑戰，如果我們願

意像大衛一樣，用對的態度來做選擇，神要給我們的祝福將是何等的大！

2 選擇追求神的產業

「耶和華是我的產業，是我杯中的分；我所得的，你為我持守。用繩量給我的地界，坐落在佳美之處；我的產業實在美好。」（詩篇十六篇 5-6 節）不論我們的人生經歷多大的苦難與挫折，上帝要賜給我們一個榮美的產業。大衛認為最大的產業是「耶和華我的神」，他先抓住源頭，因為有了神就有了一切。如果我們擁有一切，卻沒有神與我們同在，最後也是歸零。

從大衛的一生來看，他經歷諸多危難，因著神與他同在，保守他十分平安，並且建立強盛的國家。大衛在位的時候，周邊國家都向他朝貢，沒有打不敗的敵人。而且所羅門從父親大衛繼承王位，奠基於大衛的基礎，把以色列帶到歷史上從來沒有過的頂尖時期，建立輝煌的以色列王國。嚴格講起來，大衛在以色列的歷史當中，是一位非常成功的國王。從舊約聖經中看見，大衛的一生並非一帆風順，而是顛沛流離、朝不保夕、常常被追殺，為什麼他最後可以擁有這樣子的人生結局？因為他有神！這就是大衛一生中最大的產業！當他緊緊地抓住神，神就為他持守一切的產業。

［以追求認識神為人生最重要的目標］

大衛在人生中經歷很多的衝擊與苦難，讓他更加認識神、經歷神，寫出一篇篇動人的詩篇。這些詩篇當中，大衛流露出對神殷切的渴望與敬拜，訴說著詩人跟神之間一種深邃綿延不斷的關係與情感，這一切都成為大衛的產業。

當我們說到產業的時候，人們想到的都是金錢、財產或有形的資源。但是，從神或大衛來看，真正的產業是你跟神之間真實的關係，還有神在屬靈裡給你的職分，將帶來永恆的影響力。耶穌說：「你們不要求吃什麼，喝什麼，也不要掛心；這都是外邦人所求的。你們必須用這些東西，你們的父是知道的。你們只要求他的國，這些東西就必加給你們了。你們這小群，不要懼怕，因為你們的父樂意把國賜給你們。」（路加福音十二章 29-32 節）從實際的層面來說，神在找相信祂的人，願意去做神想要做的事情，這是我們受造存在的真實目的與意義。但是，有多少人願意放下自己的產業，去追求神要給他的產業。

你要追求神給你的產業，第一個核心就是，把神當作你自己的產業，以追求認識神為你人生最重要的目標。然後，神會逐漸地讓你知道祂要你做什麼。大衛追求認識神，回應神對他人生的帶領，讓耶和華成為他的產業，就算遭遇各樣的苦難、痛苦或挫折，他仍然緊緊抓住神，知道神才是他生命的根源，這就是他一生能在困境中依靠神、最後進入豐盛之地很關鍵的原因。

　　如果我們願意放下自己對產業的追求，轉而追求神、更認識神，以耶和華為我們的產業，這樣我們會更加輕省愉快地活在這個世界上。縱然在苦難裡面，大衛仍然緊緊抓住神，以耶和華成為自己的產業，這就是大衛向我們展示的一種人生！

3　願意順從神的指教

　　大衛雖為一國之君，他仍然願意順從神的指教。「我必稱頌那指教我的耶和華；我的心腸在夜間也警戒我。我將耶和華常擺在我面前，因他在我右邊，我便不致搖動。因此我的心歡喜，我的靈快樂；我的肉身也要安然居住。」（詩篇十六篇7-9節）無論在困境或平順時，大衛常常把神擺在他的前面，他常常親近神、詢問神，抱持一個謙卑柔和的態度，隨時接受神的指教與提醒。很多時候，我們對於眼前的事物已有自己的看法，但是神讓我們在痛苦、困境當中，有機會重新反思自己的人生，還有哪些需要調整的地方。

　　當我們的人生過得平順時，我們很難聽見神說話。但是，當我們的人生遇到一些挫折或困境的時候，就能聽清楚神的聲音。其實，我們不需要在困境時才這樣做，平常就可以這樣做。聖經說，大衛是一個常常尋求神的人，每一次要出兵打仗時，他都會認真求問神的心意，神都告訴他，而且每一次的戰法都不一樣。「……我尋得耶西的兒子大衛，他是合我心意的人，凡事要遵行我的旨意。大衛在世的時候，遵行了神的旨意，就睡了……」（使徒行傳十三章22b、36a節）

這是新約聖經對大衛的蓋棺論定。大衛不是一個完美的人，曾犯過很多錯誤，但他一生只追求一件事情，就是凡事遵行神的旨意。

我們每個人都不完美，如果我們願意像大衛一樣，常常求神指教我們、警戒我們的心，在困境中願意謙卑順服受教，神就會使我們的心歡喜、靈快樂。「世人哪，耶和華已指示你何為善。他向你所要的是什麼呢？只要你行公義，好憐憫，存謙卑的心，與你的神同行。」（彌迦書六章 8 節）不管你年紀多大、社會歷練多豐富、職場地位多崇高，神永遠對我們有一個期待，就是「存謙卑的心，與神同行！」

「靠你有力量心中想往錫安大道的，這人便為有福！他們經過流淚谷，叫這谷變為泉源之地，並有秋雨之福，蓋滿了全谷。他們行走，力上加力，各人到錫安朝見神。」（詩篇八十四篇 5-7 節）

大衛一生用這三個非常重要的態度來面對他的困境，他決定信任神的良善，追求神給他的產業，也願意用一個謙卑順服的心，聆聽神在困境當中給他的引導跟指教。大衛的一生雖然經歷各樣的痛苦跟困境，他清楚知道唯有在神裡面，才有永恆的祝福。

如果你願意信任神的良善，以神為你人生最大的產業，並且謙卑自己聆聽神的教導、順服神的引導，那麼你必在今生進入豐盛之地，在來世得著永遠的福樂。

@本文出自旌旗教會主日信息【與神同行—如何在困境中倚靠神】

讓蕭牧師為你禱告

當你身上有一種疾病，經過很長時間的禱告，並沒有立刻得著醫治，而且你也知道這個病不容易得著醫治，有時候你會覺得非常挫折。神要對你說：「我的孩子，我的恩典夠你用，而且我必要賞賜給你豐盛的產業。」在這樣的病痛過程當中，相信神有祂最美善的安排跟意義。有一天，神會讓你完全地明白。

或者有人，你在情感上遇到困境，你經歷很深的受傷跟挫折。神要跟你說：「我的孩子，我非常地愛你，你的痛苦跟流淚我都看見了。在這個過程當中，我有重要的功課要教導你。」神要你的心更多轉向祂，透過這個困境要帶給你的生命及情感上，得到極大的祝福。

我靈裡面感受到神說：「我的孩子，背起你的十字架來跟隨我。」那個十字架就是你的困境，不是等困境解決了，才來跟隨耶穌。如果你願意帶著你的困難來跟隨耶穌，祂必把永恆的福樂與滿足的喜樂，充滿在你的生命當中。

阿爸父神，我奉祢的名祝福每位弟兄姊妹，打開我們心靈的眼睛，讓我們用一個最健康最正面的態度，來看待我們生命中所經歷的困境。讓我們像大衛一樣，有大衛的眼光跟態度，以至於我們從各樣子的困境當中，領受祢莫大的祝福。這些困境要成為泉源之地，要有秋雨之福蓋滿其上。

禱告是奉耶穌基督的名求，阿們。

跟主耶穌說說話

來到主的面前，向祂傾訴得著安慰；
抓住神的應許，向祂祈禱使你有力量！

你目前正陷在什麼樣的困境中嗎？可以跟神訴說你的受
傷與挫折，讓神的愛安慰你。

大衛倚靠神最終可以從困境中走出來，神同樣要這樣祝
福你，把你生命中最渴望突破的部分跟神求，祂將賜下
能力。

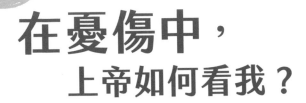

在憂傷中，
上帝如何看我？

　　聖經提到，上帝是至高至上、永遠長存的神，祂關切這個世上發生的任何事情，願意與每一個痛苦、挫折、憂傷的心靈同在。祂聽見我們的呼求，因此神把耶穌基督差來世上帶來拯救。無論如何，在你的憂傷和困境裡面，神絕對不輕看，神深度了解你的苦情，你的每一滴眼淚，神都記念！

　　我們活在世界上，遭遇困難、挫敗、憂傷的時候應該要怎樣面對？聖經上說：「哀慟的人有福了！因為他們必得安慰。」（馬太福音五章 4 節）這是耶穌在登山寶訓裡面非常重要的宣告。耶穌就是耶和華所膏、所差要把上帝的救恩與福音帶到這個世界上的人。神非常關切世界上許多被憂傷哀痛所淹沒、被捆鎖、失去平安喜樂的人，要把救恩帶到他們當中。

　　神對人類活在這個世界上，常遇到很多痛苦、挫折和憂傷的事情感到非常難過。所以，神預備了救恩。舊約時期，神就已經為祂的救恩發出重要的預言：有一天，神要透過祂的兒子耶穌基督把救恩帶到這個世界上。舊約先知以賽亞把

神要做成的普世拯救的工作，用一段話表達出來：「主耶和華的靈在我身上；因為耶和華用膏膏我，叫我傳好信息給謙卑的人，差遣我醫好傷心的人，報告被擄的得釋放，被囚的出監牢；報告耶和華的恩年，和我們神報仇的日子；安慰一切悲哀的人，賜華冠與錫安悲哀的人，代替灰塵；喜樂油代替悲哀；讚美衣代替憂傷之靈；使他們稱為公義樹，是耶和華所栽的，叫他得榮耀。」（以賽亞書六十一章 1-3 節）

在憂傷中，
上帝如何看我

1 神不輕看你的憂傷，祂珍視你的苦情

聖經上說：「神所要的祭就是憂傷的靈；神啊，憂傷痛悔的心，你必不輕看。」（詩篇七十一篇 17 節）、「壓傷的蘆葦，他不折斷；將殘的燈火，他不吹滅。」（以賽亞書四十二章 3 節）當我們在痛苦、低潮的時候，常常會忘記神，或者覺得神忘記了我們。其實，神看重每一個哀傷的心靈，祂不輕看你的憂傷，祂非常珍視你現在所受到的困難和苦情，並且要來幫助你。

舊約有一個很有名的故事。神應許亞伯拉罕跟他的太太撒拉，要給他們一個兒子，經過很多年的時間，他們並沒有孩子，隨著他們年紀越來越大，生子機率越來越低。有一天，撒拉對亞伯拉罕說：「上帝雖然說要給我們兒子，可是看起來我們真的無法生了。這樣好了，讓我的女僕夏甲納為你的妾，那麼你跟她生的孩子，也算是我的孩子。」亞伯拉罕就納夏甲為妾，結果生下以實瑪利。時間到了，撒拉果真懷孕生了以撒。以撒出生之後，撒拉覺得這個家不能夠有兩個孩子繼承產業，因為，神對亞伯拉罕說，從你的妻子所生的，才是應許的後代。

於是，夏甲跟以實瑪利就被趕了出去。夏甲帶著以實瑪利走在曠野中，水都喝完了，食物也吃完了。夏甲把孩子放在一個小樹旁邊，自己躲在一旁哭泣，不忍心看到孩子餓死、渴死。就在她走投無路的時候，天使出現了。天使跟夏甲說：「妳不要害怕，我會幫助妳，妳的孩子會成為一個強大的民族。」神讓夏甲的眼睛明亮起來，看見小樹旁邊有一口井水，她趕緊取水給孩子喝。夏甲跟以實瑪利的苦情達到神面前，神就憐憫他們。後來，以實瑪利成為一個非常強大的支派。

「因為那至高至上、永遠長存名為聖者的如此說：我住在至高至聖的所在，也與心靈痛悔謙卑的人同居；要使謙卑人的靈甦醒，也使痛悔人的心甦醒。」（以賽亞書五十七章 15 節）上帝願意與每個痛苦、憂傷的心靈同在，而且聽見我們的呼求。「我幾次流離，你都記數；求你把我眼淚裝在你的皮袋裡。這不都記在你冊子上嗎？」（詩篇五十六篇 8 節）無論如何，神絕對不輕看你的苦情，你的每滴眼淚，神都記念！

2　神會在你的艱難中，開闢出路

聖經上說：「……主必因你哀求的聲音施恩給你；他聽見的時候就必應允你。主雖以艱難給你當餅，以困苦給你當水，你的教師卻不再隱藏，你眼必看見你的教師。你或向左，或向右，你必聽見後邊有聲音說：這是正路，要行在其間。」（以賽亞書三十章 19-21 節）有時候，我們陷在困境當中，不知道應該選擇哪一條道路，或做哪一個決定？當你跟神呼求的時候，祂會聽見你的聲音、指引你的道路。

聖經上說：「你們所遇見的試探，無非是人所能受的。神是信實的，必不叫你們受試探過於所能受的；在受試探的時候，總要給你們開一條出路，叫你們能忍受得住。」（哥林多前書十章 13 節）有時候，神允許我們遇到一個很大的熬煉，聖經答應我們兩件事情：第一、「你所受的是你可以承受得住的。」神知道我們有多大的潛力跟能耐，所以神不會把超過我們所能夠承受的壓力放在我們生命中。第二、「如果你真的承受不住，神會為你開一條出路，使你能夠承受得住。」這個應許對我們的生命是非常真實的。

在困境裡面，是一個讓我們的生命可以再次被神提升的重要季節。平常可能神跟我們講話，我們都聽不太到，因為我們忙於處理自己的事情。可是，當我們在困境、憂傷、低潮的時候，我們終於願意認真地來問問神：「祢為什麼會讓我遇到這樣子的處境？」那個時候，神才能對我們好好說話，我們才會對我們的處境有新的看見跟認知。

　　很多時候，我們實在承受不住或是沒有路走了，神會給我們一個即時的幫助與支持。歷史上有一個人叫喬治慕勒，他是孤兒之父。十九世紀的時候，英國有很多孤兒，喬治慕勒辦了一個孤兒院來照顧幫助那些孤兒。他人生六十年的時間，幫助了一萬多個孤兒，所得到的資助一共有 1,350 萬英鎊。在那個時代能夠得到這麼多的資助，可說是天文數字。有好幾次孤兒院已經完全沒有食物了，他還是一樣叫孩子們坐好，面對空無一物的餐桌謝飯禱告。謝飯禱告完，就有人送牛奶、送麵包過來，讓孩子可以吃飽。在他的人生中經歷無數次艱困的處境，在困境中，神為他開出一條路，可以餵飽一萬多個孤兒。

　　聖經中提到所羅門，接續他父親大衛成為以色列歷史上最強盛、最有智慧的君王。論金錢、論地位、論享樂、論學問、論健康，人世間所有的東西，他通通都有了，但所羅門卻說：「虛空的虛空，虛空的虛空，凡事都是虛空。」（傳道書一章 2 節）有一種困境是，你的夢想達到了、你的目標得到了、你想要的都拿到了，但突然間，你卻發現心裡很空虛，不知道自己的人生到底要什麼？神要讓你看見，你存在真正的目的，你要跟神建立一個深厚的關係，活出你存在的最高價值，讓神因著你得著榮耀。

3 神已為你預備所需的資源，
使你在憂傷中得著力量

［神為我們預備三個很重要的資源］

一、神的應許

很多人對於神的應許不是非常清楚，常跟神說：「祢不如給我錢好了、祢不如給我一棟房子好了、祢不如醫治我的身體好了、祢不如給我一些實質的幫助，不要給我這些很空泛的話語。」神用話語創造天地萬物，神的話語比錢重要太多了。錢花完就沒有了，但神的話卻立定在天，會讓你有力量。耶穌說：「我實在告訴你們，就是到天地都廢去了，律法的一點一畫也不能廢去，都要成全。」（馬太福音五章 18 節）

原本我們跟神的應許沒有太多關聯，對於神的話語，我們只是一個旁觀者。但是，今天我們被帶入神另一個應許的層次，就是我們可以跟神建立深厚的關係，神答應亞伯拉罕、答應神的百姓、答應初代教會、答應歷世歷代的聖徒一切的事情，今天神一樣答應並承諾在我們身上應驗。

有些時候，你禱告呼求神，神沒有像變魔術一樣立刻做些事情回應你。但是，把時間拉長一點，你會發現很多擔心、害怕、憂慮的事情，並沒有照你所想的發生，你就可以真實體驗到「神真的與我同在！」

二、神的兒女

有些基督徒會認為:「我不需要去教會,我自己敬拜神,我可以過好基督徒生活。」我再次說,聖經從來沒有這樣的教導!神要你跟神的眾兒女一起過教會生活,透過這樣的團體,神要你們彼此相助、彼此相愛、彼此合一,在你生命中遇到憂傷、苦難、挫折的時候,你不會感到孤單!

我記得,在我的女兒六歲的時候,在一次玩耍的過程中,不小心從我身上摔到地上去,後腦直接著地,全身開始抽搐,我們趕快把她送醫急救,當時女兒幾乎呈現半昏迷狀態。那一晚是我人生最黑暗的一個晚上,很多弟兄姐妹知道消息後趕來關心、為我們禱告。

第二天早晨,醫生把女兒推進去照斷層掃描,然後醫生邀請我去診間聽取報告,要走進去的時候,我心中有一個感覺,接下來所聽到的消息,將決定我女兒的下半輩子。當時我心中充滿許多的不安跟焦慮,知道很多人為我們禱告,自己也禱告,但是心中的憂慮跟焦慮,交織著很多的罪疚感,那種感受難以言喻!

醫生看著所有的斷層照片跟我說,看起來顱內沒有出血,但是有很嚴重的腦震盪,所以接下來三天是最關鍵的觀察期,絕對不能讓她有任何的震動。那三天的時間,女兒躺在床上似醒似睡。後來,我記起一件事,女兒以前一直跟我要一個禮物,就是芭比娃娃裡面的白馬。我立刻去買那個白馬,把它放在她的床邊。第三天早上我去她房間的時候,看見她在玩那匹

白馬，那個畫面我永遠不會忘記。現在回想起來，感謝許多弟兄姊妹為我們禱告，陪伴我們全家度過那段難熬的日子。

我們生命中發生的患難、痛苦、憂傷，在神的眾肢體弟兄姊妹當中，有很多人他們也曾經歷過，但是神曾經安慰過他們，帶領他們從傷痛中走出來。在人生當中發生過那些傷痛，有一天它可能會成為別人的醫治。所以，當我們擁有教會生活，就可以彼此安慰、彼此鼓勵、彼此相助，神絕對不會浪費任何一個傷痛。如果在你的生命當中曾經經歷過一些傷痛，神不但要安慰你，神還要使用你來安慰別人。

三、神的聖靈

聖經上說：「但願使人有盼望的神，因信將諸般的喜樂、平安充滿你們的心，使你們藉著聖靈的能力大有盼望。」（羅馬書十五章 13 節）當我們信主、接受耶穌基督的時候，神就把聖靈內住在我們的裡面，要成為我們人生低潮、幽暗、憂傷的時候，最強大的力量。

無論如何，有一天我們會離開這個世界，從今天直到離開世界那一天，我們還會面臨許多憂傷跟低潮。神絕對不會輕看你所受的任何一個苦難，因為神會把祂的資源給我們。在你沒有路走的時候，神會為你開出一條路，給你一個新的眼光。最重要的是，神早就預備資源要來幫助你。我相信，神要幫助我們，並且要賜給我們力量，使我們能夠面對現在以及未來人生的憂傷。

@本文出自旌旗教會主日信息【化憂傷為喜樂—上帝如何看待我的憂傷】

讓蕭牧師為你禱告

　　有些人，你對過教會生活不是那麼地清楚，或者你剛剛來到教會，還在評估要不要認真地來過教會生活。也或者你已經是基督徒，因為過去在教會曾經經歷一些傷痛，所以你覺得教會生活可有可無。我想聖靈要再一次邀請你，委身在教會裡面，跟弟兄姊妹建立一個深厚的關係。神會為你預備最適合你的教會生活。最重要的是，你一定要加入一個教會，這是聖靈在你的生命當中，對你發出的邀請跟呼召。

　　還有一些人，你過去曾經遇到一些傷痛，或者你現在正在傷痛當中，那麼我要鼓勵你分享你的憂傷。有時候，我們覺得那個憂傷是我自己的，不好意思跟人家講，或者好像覺得暴露自己的弱點，所以不太敢跟人家講。但是，我鼓勵你在愛你的基督徒朋友當中分享你的憂傷。你的分享會帶來祝福，會帶來醫治，會吸引許多的代禱。可能有人聽到你的分享，他們會跟你分享他們也曾經有過這樣的憂傷，我相信你會大得幫助跟鼓勵。

　　另外，還有一些人，你還不太認識神，你對這位神還不是那麼的清楚。但是，神給我們生命中最大的力量就是聖靈的內住。當聖靈與你同在的時候，你的人生不管處在高峰或低潮，神會一路引導你。如何能得著聖靈的同在？當我們接受耶穌基督，信靠耶穌基督的時候，神就把祂的靈賜給我們！

　　阿爸父神，我奉祢的名來宣告祝福每位弟兄姊妹，祢知道我們人生的苦情，祢知道我們人生不容易的時候，但祢沒有輕看我們，祢顧念我們，也幫助我們，甚至為我們開出一條新的道路，為我們預備好充足的資源，好讓我們可以面對人生這些不容易的處境。

　　禱告是奉耶穌基督的名求，阿們。

跟主耶穌 説説話

來到主的面前,向祂傾訴得著安慰;
抓住神的應許,向祂祈禱使你有力量!

這篇信息讓你想起生命中的破碎或憂傷嗎?把這些低落
的情緒、難過的感受,在安靜中交給神,因為神不輕看
你所經歷的苦情。

神視你為寶貴的孩子,祂答應要以祂的靈與你同在,給
你力量可以走出憂傷。你願意讓耶穌來幫助你嗎?來禱
告跟神求力量。

在低谷中，
神如何帶領我？

　　當你經歷生不如死、痛不欲生、前途茫茫、壓力大到無法承受的人生經驗，也許沒有人能了解你的困境，沒有人了解你內心的掙扎跟糾結，甚至有一些痛苦必須獨自承擔。當你處在無人可以理解的死蔭幽谷當中，仍然願意讓神做你的牧者，跟隨神的引導，因此更認識神、更信靠神、更倚靠神，你將會贏得一個非常美好的產業。

　　死蔭幽谷對很多人來說是可怕的，但最叫人不解的是，死蔭幽谷的遭遇似乎是走義路的人必有的經驗，好像死蔭幽谷的經驗是神所預備的。我們不禁想問：「我既忠心跟隨，為何神會讓我走進死蔭的幽谷呢？」有人以為神會故意賜下困難的環境，為了叫我們成為更剛強的門徒，困境是從神來的，便將苦難歸咎到神身上。

　　這是不正確的信念，這好像是說，美善的神創造了邪惡，以便能彰顯祂的美善一樣，或者是說，父母用虐待孩子的方式，來表達對孩子的愛和安慰。不！我們的神不是這樣的神，邪惡與祂完全無關！

聖經啟示我們，黑暗的根源來自背叛的天使長撒旦，以及認同牠的人所帶出來的罪！今天整個世界所遭受的苦難、黑暗、邪惡、死蔭幽谷，不是從神來的，是從這個世界諸多的罪惡，還有撒但的黑暗權勢而來的，但神的能力卻能轉化黑暗所造成的苦難，成為我們生命的益處。有一天，我們在永恆的天家，聖經說那地方沒有眼淚、沒有疾病、沒有痛苦、沒有哀號，才是神國度的本質。

詩篇二十三篇是大衛所寫最有名的詩篇之一。在大衛年輕的時候，神就呼召他成為以色列的君王，撒母耳用膏油膏大衛做下一任的君王。理論上來講，大衛應該從此平步青雲，實際情況卻不是如此。因為掃羅王裡面的罪，產生很多的私慾、苦毒和嫉妒，讓大衛受了許多苦。但是，神卻把這些苦難轉化成為大衛生命中的祝福。大衛一生顛沛流離遭遇許多的痛苦跟問題，他寫下諸多的詩篇，深深體會神的愛跟恩典之外，也安慰數千年來所有神的兒女們。

神呼召摩西把以色列人帶出埃及，但是摩西也經歷了很多的困難，才成就這件事情。約瑟早年的時候就有解夢的能力，甚至擁有兩個很特殊的異夢。但是，這些夢卻沒有讓約瑟一下就變成最厲害的人，反而經歷過很多的苦難。神可以運用這些苦難來成就我們生命當中的美善與祝福。

新冠肺炎疫情確實帶給許多人極大的壓力，至少有兩個很大的壓力：第一個是「身體健康的威脅」，因為一不小心就有可能染上病毒，這樣的訊息不斷地從新聞傳來，使我們心生恐懼。第二個是「經濟的壓力」，受到疫情衝擊，好像地球

暫停運轉的感覺,所有人類之間的互動跟運作都停擺,經濟也停擺下來。很多人會擔心:「我的經濟接下來還有前景嗎?我的公司會不會倒?我做的事業還撐得下去嗎?」許多人面對經濟和未來,心中也充滿了焦慮。這時候,健康跟經濟就成為我們生命中的幽谷。

人生最困難、最失控的季節,
如何讓神帶領我們走過
死蔭的幽谷

1 邀請神成為你生命的牧者

詩篇二十三篇裡面,大衛很清楚地宣告:「耶和華是我的牧者,我必不致缺乏。他使我躺臥在青草地上,領我在可安歇的水邊。」(詩篇二十三篇 1-2 節)

如果有一件事情對你來說,已經失去控制,超過你的能力範圍,不知道該怎麼辦了。你要知道,超出你能力範圍外的那些事情,並沒有超出神的能力所能夠控制的範圍,因為神的能力遠超過你的困難跟處境。你要像大衛一樣,讓神成為生命的牧者,不要自己操控人生所有的事情。如果你要走出人生的死蔭幽谷,第一件事情就是,邀請神成為你生命的牧

者！有神同在與陪伴的人生，是最蒙福的人生。

邀請神成為生命的牧者，
必經歷人生中兩個祝福

一、不致缺乏

「我的神必照他榮耀的豐富，在基督耶穌裡，使你們一切所需用的都充足。」（腓立比書四章 19 節）人都害怕缺乏，我們怕沒錢、沒工作、沒前途、沒人愛……。我們生命中可能有許多不同的缺乏，但有神同行、被神引導的人生，卻可以擁有一種沒有缺乏的狀態！神會與願意信靠祂、跟祂建立親密關係的人同在。神是公平的、是不偏待人的，永遠向所有人敞開祂的雙臂。神的本質充滿愛，好像一個牧羊人一樣，如果你更認識神，更貼近這個生命的牧者，那麼你的人生將經歷到神豐沛的愛與供應。

二、得著安慰

人常陷於不安與焦慮之中，這是生命破碎的根源或結果。但有神牧養與引導的人生，卻是充滿著安息與平安！也許環境會失控，但是我知道神掌權；也許不知道未來如何，但是我知道神引導前面的道路，因為我的生命在神手中。神要滿足你內心最深層的需要，這不是物質跟金錢可以滿足的，而是在關係上具有神聖的意義價值，以及生命最深邃的需要上面，神可以滿足你！

2／決定跟隨神對你的引導

大衛說：「他使我的靈魂甦醒，為自己的名引導我走義路。我雖然行過死蔭的幽谷，也不怕遭害，因為你與我同在；你的杖，你的竿，都安慰我。」（詩篇二十三篇 3-4 節）大衛的一生經歷過很多的死蔭幽谷，但是他清楚知道，神引導他人生的道路。死蔭的幽谷對很多人來講，可能是夢想的幻滅，或者人生來到一個盡頭，前面已經沒有什麼指望。這時候，你唯獨跟隨神的引導，才能夠走出來。

如果你要走出生命的幽谷，不僅要邀請神作你生命的牧者，你要再做一個決定，跟隨神對你的引導。有些人信靠神、認識神，神的話和應許也常安慰他的心，但是要做決定的時候，還是自己決定，許多神的兒女處在這樣的生命狀態裡面。神不僅要我們成為祂的小羊，祂成為我們的牧者。在牧羊人跟羊群之間有一個最重要的關係，就是「跟隨」。因為，羊不可能自己回家，羊不能自己亂跑，必須跟隨牧羊人的引導。

［神用兩個重要的方式引導我們］

一、神用祂的道引導我們

在生命的低潮與幽谷中，我們需要神話語的指引。聖經裡面有諸多神的話語、法則、教導和命令，當你熟悉神話語的時候，已經可以做出百分之八十正確的判斷了。因此，在

做很多決定的時候，要考慮這個決定符不符合神的原則。我
們必須很誠實的面對神的話，了解神的道，並且按照神的話
來運作自己的人生。

二、神用祂的聖靈引導我們

除了神的話，同時我們需要內住聖靈的指引。

如果你願意邀請神成為人生的牧者，又很願意聆聽神的
道、接受神的道、遵行神的道，聖靈已經內住在你的裡面。
按照聖經所說：「只等真理的聖靈來了，他要引導你們明白
一切的真理……」（約翰福音十六章 13 節）、「因為凡被神
的靈引導的，都是神的兒子。」（羅馬書八章 14 節）住在我
們裡面的聖靈會引導我們。神的道與神的靈兩相印證，會成
為我們生命當中非常重要的引導。

很多時候，我們心中對於神的引導會產生很大的困惑，
並不是神的引導出了問題，而是我們有沒有做出一個決定。
當一個人願意決定跟隨神的引導，神必然會引導他的道路！
若我們的心真的想被神引導，神就有辦法讓我們藉著祂的話
語與內住我們裡面的聖靈，相互印證讓我們知道祂的道路。

很多時候，我們常把信仰束之高閣，習慣用自己的人生
經驗，用聰明才智做判斷，用最大的人生利益做決定，還是
真的願意謙卑下來問問神：「在這樣的處境裡面，祢希望我做
什麼樣的決定？走什麼樣的路？」若你願意被聖靈引導或遵行
神的引導，要來問神：「祢要我怎麼樣看待這個人？祢要我怎

麼樣看待現在這個處境？」當你這樣做，神會給你另外一個觀點、角度和眼光，幫助你做出調整和改變。

疫情對許多人來說，充滿恐懼和壓力。當信仰跟生死產生關係的時候，能夠檢視我們跟神的關係是不是真實的，這時候會是一個很大的挑戰。我們要如何看待疫情？可能神在呼召你：「我的孩子，我知道你已經很愛我，你願意來認識我。但是，藉著這個疫情，我要你更靠近我一點，更認識我一點，更深倚靠我一點。」很多時候，我們覺得跟神的關係已經不錯了。如果沒有一個艱難的處境，沒有辦法測試出我們跟神真正的關係如何。

我很喜歡比爾強生牧師（Bill Johnson）講的一句話：「聽見的『心』比聽見的『能力』更重要！」神對我們的引導不會那麼抽象，那麼遙不可及，好像只有摩西、大衛這些偉大的神人，才聽得到神的聲音。耶穌說：「我的羊聽我的聲音，我也認識他們，他們也跟著我。」（約翰福音十章 27 節）如果你有一顆堅定想要跟隨神腳步的心，神就會持續讓你聽見祂對你的引導。

3 你終必領受福杯滿溢的人生饗宴

當你願意邀請神作你生命的牧者，你也願意跟隨神的引導。雖然你正在經歷人生的死蔭幽谷，有一天終必領受福杯滿溢的人生！大衛曾經遭遇各樣的困難，自己也犯過嚴重的錯誤，但是最後他居然能夠這樣說：「在我敵人面前，你為我擺設筵席；你用油膏了我的頭，使我的福杯滿溢。我一生一世必有恩惠慈愛隨著我；我且要住在耶和華的殿中，直到永遠。」（詩篇二十三篇5-6節）這段經文是整個詩篇二十三篇的結尾，也成為大衛一生的寫照。

神可以在各樣的困境當中來引導我們的心，如果我們願意接受祂成為我們的牧者，願意被神引導，那麼這一切苦難及生命的幽谷，都要把你帶到滋潤豐滿之地。死蔭的幽谷固然是來自黑暗的權勢，但是神的能力可以轉化這一切，使我們從無助當中變得有盼望，使神的名得著最大的榮耀！你也可以讓這個死蔭幽谷，從此使你一蹶不起，但是如果你知道，神正在引導你的心，你是祂的小羊，祂是你的牧者，那麼你至終會被帶到神的豐盛之地。如何讓神帶領我們走過死蔭的幽谷？邀請神成為你生命的牧者，決定跟隨神對你的引導，最後你必領受福杯滿溢的人生饗宴！

@本文出自旌旗教會主日信息【危機中充滿轉機 - 讓神帶領，走過死蔭幽谷】

讓蕭牧師為你禱告

　　如果你目前處在死蔭幽谷當中，你認為這次的死蔭幽谷會毀了你的一生，在你的心裡有一種絕望的感覺。我覺得，神要跟你說：「我的孩子，我要使你起死回生，我要你更多認識我，在這個死蔭幽谷當中，我呼召你來朝見我，來尋求我的面。不要去找別的答案，不要去追求別的滿足，來認識我、尋求我，邀請我成為你生命的牧者，我必引導你的道路，你必看見我為你擺設筵席，使你福杯滿溢，有一天你要起來頌讚我的名。」

　　或者，你覺得神的引導對你來講很抽象、很不實際，這是因為你對於許多事情已經有自己既定的信念和規劃，你並不想被調整或做改變。有時候，你只是希望神來印證、確認、同意你的看法或決定，所以神的引導對你來說一直都很模糊。我在禱告中看到一個圖像，開車的時候，你要先把手煞車放下來，如果你手煞車一直拉著，車子就很難有效地前進。當你願意把手煞車放掉，車子就會開始往前行。今天神要提醒你，如果你願意真心放下自己的堅持，神必引導你往前走！

　　若你所經歷的死蔭幽谷是別人無法理解的，有時候你很想跟人訴說你的痛苦、需要或艱難，好像沒有人聽得懂，使你感到極其孤單。我覺得，神要跟你說：「我的孩子，我知道你的孤單，我知道你的苦難，我沒有離開你，我的杖、我的竿必要安慰你。有一天在永恆的天堂，我要賜給你一塊白石，裡面有一個名字，只有你跟我知道。我要你來述說，只有我跟你知道的一種奧祕。」神很尊榮你，讓你領受只有你能夠知道關乎神的榮耀奧祕！

　　阿爸父神，我奉祢的名來宣告祝福每位弟兄姊妹，求祢開廣我們的心，好讓我們往祢的道上直奔。請祢帶領我們有一個新的眼光跟角度，

來看待我們不容易的處境。有祢做我們的牧者，我們也要緊緊地跟隨祢對我們生命的引導。我們宣告，在生命當中的死蔭幽谷，必要成為我們生命中重大的祝福，甚至成為一個奧祕的獎賞！

　　禱告是奉耶穌基督的名求，阿們。

跟主耶穌說說話

來到主的面前，向祂傾訴得著安慰；
抓住神的應許，向祂祈禱使你有力量！

死蔭幽谷對很多人來說是可怕的經驗，是否你也曾經歷過失控的狀況、心中存留陰影？或者你正處在這樣不容易的過程，願意把這些感受跟神說一說嗎？

神應許我們，若你邀請神進到生命需要被幫助的地方，祂將引導你從低谷中走出來。若你正面臨人生最困難的時刻，可以來跟神回應，你願意接受神的帶領。

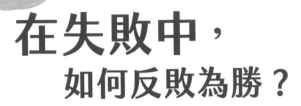

在失敗中，
如何反敗為勝？

　　所謂的必勝人生，並非不會經歷失敗，我們一生中都穿插著不同的失敗經驗，可能是在經營事業、人際關係、財務、婚姻家庭、課業學業、感情、教會生活上失敗了，不管怎麼樣，我們的人生跟失敗總是脫不了關係。我們不是要教導大家經歷不敗的人生，而是要幫助每個人如何從挫敗中，倚靠神的大能大力，再一次站起來，進入更大的榮耀與得勝。

　　我要用保羅這個人的一生來做一個典範，保羅人生中雖遭遇各樣困難或挫敗，但是他並沒有被擊倒，他的生命展現出強大的韌性。保羅想要建立教會，卻處處受攔阻，又常被追捕而失去自由，長時間被關在監牢裡，人生中經歷許多危難的時刻，最後他為主殉道而死。從人的眼光來看，保羅這一生並沒有成功。

　　但是，從神的眼光來看，保羅這一生非常的成功。事實上，初代教會歷史是因為保羅而奠定了深厚的神學根基。藉著保羅所寫的書信，表達基督信仰很重要的真理跟詮釋，並將舊約很多上帝的作為、摩西的律法及先知的談論引到新約

來。至今保羅書信對人類的歷史與教會的歷史，仍然產生重大的影響。如果初代教會沒有保羅這一號人物，我們很難期待教會可以延續到今天，帶給這個世界這麼大的祝福。今天我們要謝謝保羅，使我們可以領受福音，經歷神的愛和神的恩典。保羅經歷這麼多困難和挫敗，為什麼他至終是一個得勝的人生呢？

保羅人生中
反敗為勝的關鍵

1　永遠記得神是愛我的；我要堅定倚靠祂

很多人遇到挫敗的時候，常會覺得神不愛我了，神已經離開我了，我再也無法信任神、無法倚靠神了。因為這樣子，使自己的人生覺得更加孤單。當你遇到人生挫敗的時候，你要永遠記得，神是永遠愛你的，而且你可以繼續堅定倚靠祂！保羅說：「我們既然蒙憐憫，受了這職分，就不喪膽，」（哥林多後書四章1節）保羅知道自己的生命是因著神的憐憫與帶領，才能繼續往前走。不管你遇到多大的挫折或失敗，你並不孤單，因為神了解你的委屈和困難，而且祂關切你心中一切難過、孤單、痛苦的感受。

有一個人做了一個夢，夢境中看見上帝陪著他走在沙灘上，所以沙灘上面有兩行足跡，一個是自己的足跡，另外一個是上帝的足跡。他們一邊走的時候，上帝就把他這一生從小到大所發生的事情，像一個大螢幕一樣顯示在天空中。當他人生遇到一些困難、挫敗、孤單的時候，發現沙灘上不再是兩個人的足跡，而是只有一個人的足跡。他納悶地問上帝說：「阿爸父，為什麼在我特別孤單、痛苦、挫敗的時候，祢讓我一個人孤單走在這條人生道路上呢？」阿爸父就轉身對他說：「我的孩子，在那段你最痛苦、難過、孤單的時候，其實不是你一個人走在人生的道路上，而是我把你抱在身上，你看見那個唯一的足跡，不是你的，是我的足跡。」這個圖像非常真實，也許你覺得很孤單、很挫敗，但是神永遠愛你，祂永遠在你身邊，祂的恩典絕對夠你用。

今天我們能夠活著、領受這個救贖，絕對都是神的恩典。保羅非常了解恩典的意義，他提到：「然而，我今日成了何等人，是蒙神的恩才成的，並且他所賜我的恩不是徒然的。我比眾使徒格外勞苦；這原不是我，乃是神的恩與我同在。」（哥林多前書十五章 10 節）

恩典有兩個重要意義

一、恩典使我們得著最寶貴的價值感

很多人這一生非常在意事情的成敗，一定要表現完美、看見成就，才會覺得自己有價值。就算你今天一敗塗地，沒

有任何的績效，你的價值仍是被神肯定的。我們不需藉工作的表現及別人的肯定來證明自己的價值。有些人經歷情感上的挫敗，覺得曾經這麼愛我的人、對我這麼好的人，今天竟然離我而去。對你來說，最大的傷害不是感情上的挫折，而是你的自我價值因此而崩裂瓦解。我相信上帝有話要對你說：「我的孩子，我愛你，你在我的眼中是極其寶貴的，你配得更好的！」

二、恩典使我們可以再一次重新開始

因著神的寬恕與憐憫，給我們無數次機會，讓我們經歷失敗跌倒了可以有力量再爬起來。保羅說：「我們有這寶貝放在瓦器裡，要顯明這莫大的能力是出於神，不是出於我們。」（哥林多後書四章7節）保羅用一個圖像來描述這個奧祕，我們能夠去做神要我們做的事情，追求一個人生美好的目標，都是因為神的恩典。還有，神把一個寶物放在我們生命當中，而那個寶物就是神自己。神把祂的同在賞賜給我們，把聖靈的恩膏放在我們裡面。當我們接受耶穌基督的時候，神就與我們同在、釋放強大的能力。

有一次，門徒來問耶穌說：「什麼才稱為做祢的工作？」耶穌回答說：「相信我，就是做我的工作。」意思就是說，你相信那位與你同在的神，願意按照祂所指示的方法來運作你的人生，這就是做神要你做的工作了！很多時候，我們不相信神，只相信自己的經驗和判斷，保羅則非常了解，人生要反敗為勝絕對不是靠著自己的力量，乃是靠著與他同在的神。

很多人會問，我很樂意相信神，如何才能倚靠神的大能，至終反敗為勝？保羅提供我們一些具體做法和實際建議。「使基督因你們的信，住在你們心裡，叫你們的愛心有根有基，能以和眾聖徒一同明白基督的愛是何等長闊高深，」（以弗所書三章 17-18 節）神從來沒有要我們過孤單的基督徒生活，祂要我們進入上帝子民的團體當中，不僅是在我們的教會，而是與全世界基督的身體一起來體會基督長闊高深的愛。

神可以把祂的大能大力放在我們裡面，不是要我們獨自一人成為拯救世界的英雄，祂要我們進入基督的身體裡面，與上帝的子民有所連結，一起領受神的愛與能力。當我們在教會或小組生活中，透過肢體間學習彼此連結、鼓勵、相愛、代禱，就能看見神的作為大大彰顯，經歷反敗為勝的人生。

2 永遠選擇正確的動機，我願意擇善固執

當你經歷失敗的時候，除了繼續相信神的愛，相信神的恩典與你同在之外，你要再次審視自己的動機。這裡所提到的動機主要分為兩種，一是為著自己認為重要的事情，另一是為著神的真理與價值。我鼓勵你，選擇屬神的動機。保羅說：「我們原不是傳自己，乃是傳基督耶穌為主，並且自己因耶穌作你們的僕人。」（哥林多後書四章 5 節）保羅清楚知道，自己做任何事情都是為了耶穌的緣故。

[學習耶穌這樣做，必能反敗為勝]

一、你要有清潔的良心

做任何事情要在純正的品格、正確的道德與真理中來運作。保羅說：「乃將那些暗昧可恥的事棄絕了；不行詭詐，不謬講神的道理，只將真理表明出來，好在神面前把自己薦與各人的良心。」（哥林多後書四章 2 節）如果你的失敗是因為罪引起的，那你就認罪悔改在主面前，使你的良心得著赦免與潔淨，並且做出改變，神必幫助你反敗為勝！

舊約聖經中有兩個很重要的王，一個是掃羅王，一個是大衛王。這兩個王在人生中都曾犯下大錯，結局卻是大不相同。掃羅犯了錯之後，用各樣的藉口來遮掩自己的過錯，神決定不再使用他；大衛犯了錯之後，當錯誤被指出來的時候，他徹底認罪悔改、斷除罪惡，回到一個清潔的良心、純正的動機，過一個討神喜悅、合神心意的生活，神因而決定繼續使用他。

二、你要有愛別人的心

「凡事都是為你們，好叫恩惠因人多越發加增，感謝格外顯多，以致榮耀歸與神。」（哥林多後書四章 15 節）當牧師、建立教會從來都不是我人生的選項，但當人生來到一個季節，神的呼召臨到我的時候，不單單是為自己，更是為了神的國度，還有為了更多人的益處，所以，我願意參與教會的建造。

建造教會的過程中，我也曾遭遇許多失敗和挫折，經歷無數流淚的夜晚。但是，為了愛神、愛人的緣故，我願意倚靠神從失敗中再站起來。神如何幫助一個人反敗為勝？神看的是我們的心，祂在乎的是我們內心的動機。即便失敗了，仍然問心無愧，從神來看，你永遠是成功的！

3 　永遠專注於神的標竿，我願意不斷更新

保羅說：「弟兄們，我不是以為自己已經得著了；我只有一件事，就是忘記背後，努力面前的，向著標竿直跑，要得神在基督耶穌裡從上面召我來得的獎賞。」（腓立比書三章 13-14 節）保羅人生反敗為勝的關鍵，就是專注於永恆的榮耀與永恆的目標。保羅一直以來只有一個目標，就是完成上帝的託付，去做上帝要他做的事情。

當我們經歷挫敗時，很容易被負面情緒籠罩，陷入極深的低潮與自責，使自己的目標變得模糊，異象逐漸消失，看不見神給的標竿，因而失去生命的宏觀跟重點。保羅說：「我們這至暫至輕的苦楚，要為我們成就極重無比、永遠的榮耀。原來我們不是顧念所見的，乃是顧念所不見的；因為所見的是暫時的，所不見的是永遠的。」（哥林多後書四章 17-18 節）保羅人生中曾經歷許多失敗，但他從來沒有被這些苦難跟挫敗所淹沒，他的眼光一直不斷地注視在永恆的目標與永恆的榮耀。

很多人因為太在意成敗，一個挫敗就讓他一蹶不起，這讓我想起約瑟的故事。約瑟人生前半段是失敗的，因為他被哥哥們賣到埃及為奴，又被主人的老婆誣告關入監牢，過著暗無天日的囚牢生活。約瑟並沒有被這些挫敗、痛苦和委屈所淹沒，他的眼目一直定睛在神對他人生的計畫與目的。當約瑟被神興起成為埃及宰相的時候，不僅拯救自己的家族，也照顧當代的世界，使許多生命得以存活下來。

當你經歷挫敗的時候，你把焦點放在哪裡？覺得自己好委屈、好受傷、好痛苦。還是，從這個痛苦裡面，明白神的心意和目的，看見永恆的價值和意義。耶穌說：「……凡結果子的，他就修理乾淨，使枝子結果子更多。」（約翰福音十五章 2 節）挫敗常常可以使我們的生命不斷更新。如果你生命中遭遇一些挫敗，可能神正在修剪你的生命。修剪的目的不是要折損你，而是要讓你的生命結出更多果子。保羅也說：「所以，我們不喪膽。外體雖然毀壞，內心卻一天新似一天。」（哥林多後書四章 16 節）當我們生命經歷挫敗的時候，神就有機會向我們的生命說話，更新我們的心思意念，教導我們學習寶貴的功課，讓我們可以更認識神，明白神的法則，並且運行在神的能力當中。人生經歷挫敗不要灰心放棄，繼續尋求神的心意，定睛永恆的標竿，你將會經歷反敗為勝的人生！

@本文出自旌旗教會主日信息【必勝人生祕訣—你如何反敗為勝】

讓蕭牧師為你禱告

　　若你正經歷感情上的失敗，有一種被拒絕和價值感破碎的感覺在你心裡，神了解你的孤單以及委屈。神要對你說：「我的孩子，你是被我捧在手中的珍寶！」神很愛你，很珍惜你，不要讓任何人來決定你的價值。或者你正因為罪的問題而經歷失敗。今天神要對你說：「我的孩子，我很願意赦免你，你要來到我的面前尋求、認罪、悔改、回轉。當你願意認真面對生命中的罪時，我要再次赦免你、興起你、使用你！」

　　倘若你正經歷一個重大的失敗，好像你的人生來到一個重大的轉折，不可能繼續照原來的路走了。我相信神要對你說：「我的孩子，我在你生命中有一個重要的目的，我要幫助你脫離錯誤的人生目標，轉向我為你預備的永恆標竿。」

　　還有一種人，你一直專注在神的目標，願意去愛人，也有清潔的良心和純正的動機。但是，你經歷挫敗了。你覺得神沒有顧念你，你已經為神付上許多代價，為神做了很多事情，為什麼仍會經歷挫敗。我感覺神要對你說：「我的孩子，我並沒有放棄你，也沒有離開你，我正抱著你走這段人生最艱難跟孤單的道路！我的孩子，成敗不必由人來定義，成敗乃是由我來決定，你做得很好，繼續往前行，因為我的力量必要支持你。」

　　阿爸父神，我奉祢的名來宣告祝福每位弟兄姊妹，讓我們的生命可以活在反敗為勝的恩膏與祝福裡面，不管人生經歷多少挫敗，我們要倚靠祢的大能大力，使我們可以重新得力、反敗為勝。

　　禱告是奉耶穌基督的名求，阿們。

跟主耶穌 說說話

來到主的面前，向祂傾訴得著安慰；
抓住神的應許，向祂祈禱使你有力量！

回想你曾經有過失敗的經驗，這些在你生命中留下什麼樣的感覺？經過這些失敗之後，你是怎麼看你自己的呢？是否常會陷入某種重複的無力感？

保羅倚靠神的恩典，最終能夠反敗為勝，擁有重新開始的機會，活出生命真正的價值。你最想經歷保羅受到神幫助的哪個部分？來跟神祈求。

仰望神的引領
大能禱告

掌握禱告的奧祕，
將邀請大能的神，進入你的生命建立真實關係，
敞開天上資源傾倒祝福於你。

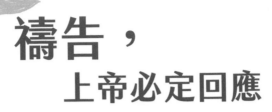

禱告，
上帝必定回應

　　創造天地萬物的神，很渴望與我們一起走在人生的道路當中。當我們參加聚會、在靈修敬拜中經歷神，都是神跟我們溝通對話很重要的時刻，但是，「禱告」卻是一個更重要的機制，能夠與神溝通認識、彼此了解。如果我們渴望與神同行，就應該先了解「禱告」是怎麼一回事！

　　「禱告」是人類普遍的一種本能，當人們遇到自己能力沒有辦法解決、感到孤單無助，或是需要被幫助的情況，內心深處總有一股動力，想要發出一種「呼喊」，希望天、神或者某個神明來幫助拯救。事實上，這就是上帝創造人類、放在我們裡面的一種機制。

　　聖經清清楚楚地告訴我們，上帝是垂聽禱告的神，而且祂必會回應你我的禱告！「神能照著運行在我們心裡的大力充充足足的成就一切，超過我們所求所想的。」（以弗所書三章 20 節）我們常常看這段經文的時候，容易把重點放在前面「神在我們心裡運行的大能大力」，使我們裡面帶著聖靈同在的能力，但卻往往忽略了經文後半段，擁有這能力的目

的，是為了要「成就並超過我們所求所想！」如果你渴望看見萬人因你而得福，渴望看到這個世界被上帝的愛跟恩典所充滿，渴望追求神的國和神的義，神必要藉著你彰顯祂的旨意。

「你們得不著，是因為你們不求。你們求也得不著，是因為你們妄求，要浪費在你們的宴樂中。」（雅各書四章2b-3節）這句經文首先是說，你們得不著是因為「你們不求」；意思是：你都不禱告，所以沒有得著。接著是說，你們得不著是因為「你們妄求」；意思是：你都亂求。

禱告不要妄求，禱告的重點並不是求什麼，而是你有沒有照著神的旨意，求神的國跟神的榮耀降臨。從聖經來看，神鼓勵我們要向祂禱告，因為這是我們與神同行一個很重要的過程！

為什麼神一定會
回應我們的禱告

1 與神的本質有關：
祂是全然慈愛跟信實的神

如聖經上所言：「所以，你要知道耶和華—你的神，他是神，是信實的神；向愛他、守他誡命的人守約，施慈愛，直到千代。」（申命記七章9節）上帝是一個持守承諾、信用可靠，也是充滿慈愛的神，必定會回應你的禱告。上帝是良善的，祂樂意饒恕人，為來求告祂的人預備豐盛的慈愛。

很多人會覺得，最近表現不好比較低潮，講了一些不該講的話，或做了一些覺得丟臉的事，心中承受很大的壓力，想要來跟神禱告尋求幫助。但又覺得現在這種生命景況最好不要禱告，覺得自己沒有資格來到神面前，很多人因為有這樣的想法，選擇跟神保持距離，不想跟神禱告。

如果你會這麼想，那是因為你不認識神的本質！也許我們還不完美或還陷在一種罪當中，但是，只要你願意來到神面前說：「主啊，我真的是一個軟弱的人，我很不配，請祢原諒我。但是，我真的有一個很大的需要，有一個很重大的困難，求祢幫助我。」我相信，神一定會聽你的禱告！

耶穌曾經作一個比喻，有一個祭司去聖殿禱告：「主啊，祢看我不像旁邊那個人，那個人都沒有什一奉獻、那個人都沒有聚會、那個人很不聖潔，我一個禮拜禁食禱告好幾天。」另外，旁邊那個人禱告：「主啊，我是一個罪人，求祢赦免我。」最後，神卻聽了那個認罪的人的禱告。如果你承認自己真的軟弱、真的有需要悔改的地方，神必垂聽你的禱告，並用豐盛的慈愛來幫助你。因為神的本質是慈愛豐盛、充滿憐憫、信實可靠的，神喜悅我們把一切的困難交給祂，必照祂所說的來回應。

2 與上帝的期待有關：
祂要吸引我更加親近祂

　　從聖經來看，神創造你，讓你活在這個世界上，最重要的目的是為了「被神所愛」。當神的愛滿溢出來，便按著自己的形象來創造人類，好讓愛能夠充滿在我們的生命中。這份愛不是單向，而是雙向的，所以神也希望我們愛祂。著名神學作家 C.S. 路易斯說：「我們的神是非常自作多情的神！」祂以永遠的愛來愛我們，並且以慈愛吸引我們來注意祂、愛祂、親近祂，並且為我們設立禱告的法則。當你禱告的時候，就會更加親近神。

　　你跟神禱告的過程中會學到很多的功課，聖靈會提醒、教導你很多的東西。透過這過程，我們可以越來越認識神。所以，與神同行最好的方法就是透過「禱告」！

　　在禱告中你與神互動，神有時候會回應你的禱告，但有時候，神不一定會回應你的禱告，這時候你可能會覺得挫折納悶，可以不斷禱告來求問神，總有一天神會向你顯明一切。透過這個過程中，你會更認識神，也更認識自己。神並不是沒有回應你的禱告，只是神回應的方式，可能跟你想像的不一樣。

　　一個孩子從小到大要什麼東西，父母若全部都給他，有一天這個孩子可能會被寵壞。但是，如果父母知道界線，有些東西該給孩子，有些東西不能給孩子，或者有些東西要晚

一點再給他，如此一來，這個孩子就會被父母訓練成為一個有用的成年人。神透過禱告的過程在鍛鍊我們、親近我們，使我們更認識神，也更認識自己。

3 與上帝的創造有關：
祂要成全我受造的目的

透過禱告我們可以跟神互動，神吸引我們親近祂，而且神會引導我們的道路。「他使我的靈魂甦醒，為自己的名引導我走義路。」（詩篇二十三篇 3 節）如果你要與神同行，一定要懂得怎樣被神引導，你要常常跟神禱告。例如，為抉擇工作跟神禱告：「主啊，我要去做那個工作，還是去做這個工作，求祢帶領我的心，求祢為我預備道路……」然後，按照你心中的禱告，還有心裡面的平安，並且衡量各方面對你最恰當的。

如果你知道自己是上帝的兒女，凡事都可以跟神禱告。如果你很清楚跟神說你的需要，神會很清楚地回應你，而透過禱告過程中，你可以更認識神，讓神引導你的人生。

每一次我在找工作之前，都會在禱告中列出一些想要的條件。在我們那個年代，建築系畢業的學生去到建築師事務所上班，很少不需要熬夜加班的。我曾經去過兩間建築事務所和建設公司工作，面試時先跟老闆說：「我禮拜六日要聚會，而晚上我有家庭生活，還有自己的一些事情，所以不能加班，

這樣子可以嗎？」想不到老闆竟回應：「我們公司是不可以加班的！」所以，我週間和週末晚上都不用加班，後來再去到另外一間公司也是這樣的情況。

大學畢業時，我的太太晶玫送我一個經文匾額：「你要專心仰賴耶和華，不可倚靠自己的聰明，在你一切所行的事上都要認定他，他必指引你的路。」（箴言三章 5-6 節）這段經文成為我人生很重要的一個標準。過去每當我有一個問題、一個環境、一個狀況要做抉擇時，都會立刻反應做出決定。但是，現在我不會輕易用自己的知識和聰明來做判斷，特別是一些很重要的事情。我需要禱告詢問神，按著心中的平安，還有多方面的評估，再做最後的決定。如果你願意透過禱告尋求神，來做你人生許多的選擇，神會藉著你的禱告，把你引入神創造你的最終命定裡。

「我要求告至高的神，就是為我成全諸事的神。」（詩篇五十七篇 2 節）神創造你的目的，如果能夠發揮到百分之七十、八十，便足以改變這個世界！你的人生一定要為了祝福整個世界而活！但是，要怎麼做呢？你可以透過禱告跟神互動，更加認識神，並且走在神要你走的道路當中。如果神要你改變生命中一些東西，你要願意被修剪。

有些時候，神會提醒你有些不好的習慣要放下、脾氣要修改、態度要改變，透過禱告的過程中，神會教你很多東西，你要願意謙卑、學習不要硬著頸項。有時候你的家人或者教會的屬靈領袖，也會對你有一些提醒，你若願意謙卑順服，那麼神就會不斷帶領你往前走。

[神要給你的，比你所求的更好]

如果你與神之間有真誠的關係，你也在信心裡祈求神，並奉主耶穌的名禱告，那麼你就可以期待神必會回應你的禱告。如果你已經照著聖經裡所說的去做了，但是神沒有照你所期待的回應，從長遠來看，神要給你的，可能比你所求的還要更好，你需要用信心忍耐等候！

新約聖經中提到馬大和馬利亞的弟弟拉撒路生病了，馬大和馬利亞派人去見耶穌，請求耶穌快來醫治重病的弟弟。耶穌聽見拉撒路重病的消息，就在原來停留的地方多住兩天。等到耶穌去到她們家的時候，拉撒路已經死了四天。當馬大和馬利亞看見耶穌來的時候，真是情何以堪！當她們家庭有一個最迫切的需要時，她們請求耶穌，耶穌竟然延遲到來。為什麼耶穌要這樣子做？

聖經中記載：「耶穌看見他哭，並看見與他同來的猶太人也哭，就心裡悲歎，又甚憂愁，便說：你們把他安放在哪裡？他們回答說：請主來看。耶穌哭了。」（約翰福音十一章 33-35 節）「耶穌哭了。」（約翰福音十一章 35 節）這是整本聖經中最短的經文。當你流淚時，神也為你流淚；當你傷痛時，神的心也傷痛，祂也跟你一起哀哭。

後來，耶穌來到拉撒路的墳墓前，叫人把墳墓的石頭挪開，向著墳墓說：「拉撒路出來！」這是耶穌活著時所行的最大神蹟，祂叫一個死了四天的人，從墳墓裡面活生生地走出來。因著耶穌做了這件事情，所有的猶太教與政治高層，想

盡辦法非處治耶穌不可，不然所有人都會想要跟隨耶穌。

從長遠來看，當拉撒路生病的時候，那個請求沒有被答應、沒有被回應，是神為了要讓一個更大的神蹟在後面發生，讓耶穌的榮耀得著更大的彰顯。

很多時候，你的請求是那麼迫切跟需要，而且你那麼地愛主，神也那麼地愛你。但是，為什麼在這個最重要的事情上，神竟然延遲或者沒有回應。有時候，從一個單獨事件來看很難理解，但是如果從永恆來看，則會知道答案。

人生中有些事情是無解的，有些東西對我來說很重要，也跟神禱告很長時間，可是神就是沒有回應。但是，我相信有一天在永恆裡面，神會讓我知道那個原因。有些時候你的禱告是很好，你的請求也是對的，也都合乎真理、合乎愛的原則。但是，神仍然沒有回應。我要鼓勵所有人，不要因為禱告沒有成就，就不再禱告了，要相信神掌管萬有，神有祂永恆的理由！

@本文出自旌旗教會主日信息【與神同行系列—上帝必會回應你的禱告】

讓蕭牧師為你禱告

　　有些人很認真在為一件事情禱告，好像還沒有得到神的回應，神要鼓勵你繼續用心禱告。我看到一個圖像，像是聖經中的哈拿一直為著希望懷有孩子來禱告一樣，雖然經過很長時間的等待跟禱告，最後神回應了她。有一些禱告你花很長的時間，神說：「你要繼續忍耐等候、不要放棄！」時候到了，祂必要回應你的禱告。

　　還有一種人，你不太禱告，或者有時候想到就禱告一下，神要鼓勵你不要失去神要給你的祝福。很多時候你自己心中羨慕的美善，關乎你的家庭、你的產業，還有關乎神國度的事情，不要靠自己的聰明智慧去做，或靠自己的力量去經營，你要起來禱告並倚靠神來做這些事情，如此一來，你將事半功倍。

　　我看到一個圖像，就像爆米花一樣，到達一個熱度之後，就會開始爆開來，禱告有時候就是這樣子。當你為一些事情禱告，一開始好像沒有太多的回應，漸漸容易忽略遺忘，神要鼓勵你持續地禱告，你所祈求那些美善的、合神心意的、帶來祝福的事情，時候到了，就要像爆米花一樣，在你的生命中不斷地發生。

　　此外，有一種人，你的禱告，神沒有回應，甚至神給你的答案是否定的，你實在很難接受、很難理解。我看到一個圖像，當你在流淚的時候，神與你一同流淚。神要對你說：「我的孩子，相信我，我絕對不會離開你，我必與你同在，我也必照顧你一切的產業。有一天在永恆裡面，你會了解這一切的事情！」

　　阿爸父神我謝謝你，你的愛跟恩典充滿在我們當中，求祢祝福每位弟兄姊妹，讓我們看見你是一位回應禱告的神。求祢祝福我們每個人

的生命，讓我們積極地、認真地起來過禱告的生活，與祢同行。

禱告是奉耶穌基督的名求，阿們。

跟主耶穌 說說話

來到主的面前，向祂傾訴得著安慰；
抓住神的應許，向祂祈禱使你有力量！

這篇信息提到神絕不會撇下你，向神禱告就能持續與神同行。你曾經歷過讓你覺得孤立無援的事件嗎？跟神說一說那種無助的心情，感受神的愛來安慰你。

神說祂一定會回應我們的禱告，祂要給你的，比你所求的更好，若你的禱告還沒有得到神的回應，你覺得有沒有可能需要如何調整禱告的方向？

禱告，
交託生命難處

　　聖經從創世記到啟示錄不斷地陳述，我們的神是一位慈愛的神！祂非常在意每個人，特別在你人生遇到難處的時候。也許你現在遇到財務、婚姻、健康及感情上的挫折；也許你正在抉擇人生的前途，該做哪一個決定，對你來說影響深遠，真是一個很不容易的時刻。當我們面對人生中這些困難，應該怎麼樣面對？該如何向神禱告呢？

　　「**他**顧念我們在卑微的地步，因他的慈愛永遠長存。」（詩篇一百三十六篇23節）這段經文提到，神是非常顧念我們的神，當我們人生遇到低潮或困難、危難的處境時，神在那個時刻特別顧念我們。C.S. 路易斯曾說過一段話：「苦難是上帝的麥克風！」在人生平順時，神跟我們說話，我們或許很難聽得見，但當我們的人生遇到一些挫折或困難的時候，正是上帝有機會向我們的心說話，這時候神的聲音就好像透過麥克風一樣，聽得很清楚。

掌握四個重要的聖經原則，
為自己的難處禱告

1 求問神，
面對此難處你該用什麼態度回應

許多人遇到生命難處的時候，第一個反應是急如熱鍋上的螞蟻，四處張羅想要解決問題，或者試著尋找各樣的人脈資源，想要擺脫困境，這樣的反應是人之常情。但是，作為神的兒女，當我們面臨難處的時候，是否可以停一停、想一想：「神啊，祢為什麼讓我遇到這樣的事情，祢為什麼允許這個困難臨到我？透過這個難處，祢有沒有什麼話要跟我說？祢有沒有什麼要我學習的功課？」如果你願意用這樣的態度來回應神，那麼每一個困境，都將轉化成為你生命極大的祝福。

難處會顯明神更深邃的目的

神希望透過這些難處向我們的心說話，我相信神的想法是：「我的孩子啊，不要白白地受苦！」其實，人生中所面臨的每一個苦難，都有神可以教導我們的功課，可以幫助我們成長的地方。神可以藉著我們所遭遇的難處，向我們顯明祂更深邃的目的：「使我們滿有基督長成的身量！」讓每一個發生在你生命中的困難，成為一股助力與支持，成為一個踏腳

石，而不是絆腳石，使你越來越長大成熟，滿有基督長成的身量。

其實，神非常在乎我們，也願意貼近我們，特別在我們人生經歷最低潮的時候。「因為那至高至上、永遠長存，名為聖者的如此說：我住在至高至聖的所在，也與心靈痛悔謙卑的人同居；要使謙卑人的靈甦醒，也使痛悔人的心甦醒。」（以賽亞書五十七章 15 節）從這段經文看見一個很有趣的寫照：這位神是創造宇宙萬物最偉大的主宰，住在至高至聖的所在，但是祂卻願意從最高之處低下來俯就、了解、支持、鼓勵、幫助正在經歷苦難、悔恨及低潮的你跟我。神很關心我們、很愛我們，祂想幫助我們成長，並且使我們的生命甦醒、更新過來。

神能將苦難轉化成祝福

我們人生當中每一個處境，特別是難處，裡頭常常包裝著很多神的祝福。這些挫折或難處，有時候是自己的軟弱或生命中的過犯所造成的結果，或者是身旁的人犯罪做錯事情所造成的，或是這個敗壞的世界所帶來的傷害。然而，神卻有辦法把這些發生在你我身上的苦難，轉化成為你我身上的祝福。如同，聖經上所說：「我們曉得萬事都互相效力，叫愛神的人得益處，就是按他旨意被召的人。」（羅馬書八章28 節）

　　當你遇到困難，豈不是上帝給你一個很好的機會，來鍛鍊上帝要你學習的屬靈功課嗎？你可以求問神：「主啊，祢允許這個難處臨到我身上，有什麼功課要我學習？祢希望我用什麼樣的態度來回應這件事？」你也可以這樣跟神說：「在這個難處中，我不要讓任何的事物攔阻我們的關係；我有沒有需要調整態度的地方？」如此一來，才能刺中核心面對你現在的難處。神要解決你我的難處，根本不費吹灰之力，若這個難處神沒有解決，其中一定有些原因，可能神在你身上還有一些建造工作、還有一些真理要向你顯明、還有一些話想試著跟你說。

　　「我們若認自己的罪，神是信實的，是公義的，必要赦免我們的罪，洗淨我們一切的不義。」（約翰壹書一章9節）透過我們生命中遇到的難處，神要幫助我們調整價值觀和優先次序，還有一些似是而非的信念。如果你願意認真求問神，神必親自向你顯明；當你願意回應神的時候，神立刻要來幫助你。就算你犯錯需要悔改，神也會立刻赦免你一切的罪。如果你願意精準地回應神在你生命中的提醒，神會把祂的公義成就在你身上，為你開出一條路，你將藉著這個難處得著很大的祝福。

2 求告神，使你明白祂的旨意

　　除了先調整自己的態度之外，也要對準神跟對準人。對準神的意思是，不要讓這個難處攔阻你跟神之間的關係，相反地，藉著眼前這個難處，讓神來調整你的生命。對準人的意思是，有時候在難處裡面，會顯明自己跟人之間一些關係上的衝突，或是對人的態度是錯誤的，這些東西都需要被神來調整。當我們與神、與人都對齊之後，你可以求問神：「面對這個難處，我要怎樣往前走？我該做什麼樣的決定？」神必會向我們顯明祂的旨意。

　　如何知道這個感動是出自於神，還是自己？「惟獨從上頭來的智慧，先是清潔，後是和平，溫良柔順，滿有憐憫，多結善果，沒有偏見，沒有假冒。」（雅各書三章 17 節）這段經文中提到八個檢驗指標：聖潔、和平、溫良、柔順、憐憫、多結善果、沒有偏見、沒有假冒。藉著這些聖經的原則，能夠幫助我們檢驗心中的感動是否出於神。

　　如果你願意認真尋求神，神很樂意向我們顯明祂的心意。「你們祈求，就給你們；尋找，就尋見；叩門，就給你們開門。」（馬太福音七章 7 節）有些人遇到一些困難和難處的時候，認為自己是一個受害者，把十根指頭全部指向外面，覺得問題永遠在別人，自己都沒有錯。其實，就算 90% 是別人的錯，自己也有 10% 需要成長的地方。如果神向你顯明，該認罪就認罪、該悔改就悔改，神必立刻赦免你一切的罪，賜下恩典為你開路。

3 祈禱神，將你心中的需要告訴祂，並把結果交託祂

　　我相信，若你認真地尋求神，神一定會指引你的路。「你要專心仰賴耶和華，不可倚靠自己的聰明，在你一切所行的事上都要認定他，他必指引你的路。」（箴言三章 5-6 節）在難處當中，不要用你的本質、資源、過去很有果效的方法，來面對你生命中的難處。可以換一個方法，放下自己的聰明，專心仰賴神，把你心中的需要真誠地跟神說。「應當一無掛慮，只要凡事藉著禱告、祈求和感謝，將你們所要的告訴神。」（腓立比書四章 6 節）

　　當耶穌知道自己即將要被釘十字架，祂在客西馬尼園迫切地禱告，耶穌說：「我父啊，倘若可行，求你叫這杯離開我。 然而，不要照我的意思，只要照你的意思。」（馬太福音二十六章 39 節） 由此可見，耶穌向我們展示一種禱告的方法：「把真誠的需要跟神說，並且把結果交在神手中。」如果神照你所禱告的成就，就把榮耀感謝歸給神。如果神沒有照你所禱告的成就，你會難過、哀傷、流淚，神不會在天上幸災樂禍，祂會陪著你一起流淚。

　　耶穌在十字架上斷氣之前說：「我的神、我的神，為什麼離棄我？」（馬太福音二十七章 46 節）霎時天崩地裂、烏雲密佈、大雨傾盆，那是在反應阿爸父的心情，阿爸父那麼愛祂的獨生愛子，卻因為世人犯罪的緣故，祂必須讓耶穌成為代罪羔羊，以罪犯的身分、對待罪的態度擊打祂自己的兒

子。但是，阿爸父知道最後的結果，將有成千上萬、數以億計的人湧入神的國度，得著永恆的生命，而且可以分享阿爸父的榮耀，跟祂一同坐在寶座上。阿爸父已看見那遙遠的圖像，所以祂允許祂的兒子暫時忍受祂不喜歡的結局。

同樣的原則也能放在你我身上，當你誠心所願地跟神祈求，也許神沒有成就，或者結果不是你想要的，但是神給我們一個應許，祂必用一種無法言喻的平安，保護我們的心懷意念。當你看到這個結果時，你會了然於心，將感謝歸給神。「神所賜出人意外的平安，必在基督耶穌裡保守你們的心懷意念。」（腓立比書四章7節）

有些事情經過一些時日之後，你會看見這件事對你的意義；有些事情在活著的時候，你可能看不到那真正的意義。直到有一天見主面，你才會知道為什麼那次誠心所願的禱告，神沒有為你成就。如果你持續地信靠神、調整你的態度、遵行神的旨意，有一天你會明白，原來那個苦難是為了造就你我的生命，原來那個挫折是為了避免一個更大的災難。不要讓你生命中的難處絆倒你，使你一蹶不起；要讓它成為你的踏腳石，使你步步高升。

4

信靠神，
跨出實際的行動來順服祂的旨意

很多基督徒只停留在思考、尋求、禱告的層面，等到採取實際行動的時候，卻退縮不前。延遲的順服並不是真正的順服，即時的順服才是真正的順服。當神向你顯明一個你要調整的態度，或你需要做一個決定時，當下就要勇敢地去回應，這樣你的生命就會越來越穩固。因為一個聽見神的話就去行的人，就好像把房子蓋在磐石上。「所以，凡聽見我這話就去行的，好比一個聰明人，雨淋，水沖，風吹，撞著那房子，房子總不倒塌，因為根基立在磐石上。凡聽見我這話不去行的，好比一個無知的人，把房子蓋在沙土上；雨淋，水沖，風吹，撞著那房子，房子就倒塌了，並且倒塌得很大。」（馬太福音七章24-27節）

聖經也鼓勵我們要勇敢，「所以，你們不可丟棄勇敢的心；存這樣的心必得大賞賜。你們必須忍耐，使你們行完了神的旨意，就可以得著所應許的。」（希伯來書十章35-36節）求主幫助我們，讓我們帶著一顆勇敢的心，來面對生命中一切的苦難與難處，並以實際行動來回應神的旨意。如果我們願意這樣去行，所有的難處都將成為你我生命極大的祝福！

@本文出自旌旗教會主日信息【真實地經歷神系列—如何為你的難處禱告】

讓蕭牧師為你禱告

　　若你目前的難處是「關係」。你正處在一段緊張的關係，或是過去有一個傷害在你們當中。也許你覺得心中百般委屈，認為一切都是對方的問題。但是，神很早就向你顯明，有些是你需要去調整和修正的部分。如果你一直不願意去承認自己的問題，那你們這段關係的難題會很難處理。神鼓勵你，調整你的態度，去向對方道歉，尋求對方的原諒。當你勇敢這樣做的時候，必看見神的祝福。

　　有一些人則是相反的情況，你應該去饒恕那些曾經傷害你的人，放下心中的苦毒和憤恨，把它交給神，讓神為你伸冤。若是這個根源問題沒有解決，你在其他關係上都會受到牽扯。

　　若你的難處是「核心身分」，常常很容易因為別人一句話、一個眼神，就會讓你很挫折。你很在乎別人對你的看法，也許有些人貼你標籤或誤解你，但是在你生命中有一個更深層的核心問題：好像你的價值需要由別人來決定，需要用表現來受人肯定。神要跟你說：「孩子，你的價值由我來決定！你是我最愛的兒子、最寶貴的女兒。你不必在乎別人怎麼說你，你的核心身分就是我最珍貴的兒女。」神鼓勵你，委身教會生活，才能夠逐漸地恢復核心身分，神要藉著教會生活幫助你恩賜發展，幫助你在基督耶穌裡面，得到最堅定不移的核心身分與價值。

　　或者，你的難處是「放下自己」。不論在教會、職場或家族中，你與領袖、權柄之間常有很多的衝突，也有很多看法上的差異。神鼓勵你，真實地放下自己，支持你的權柄，順服你的領袖，這是你生命中要學習的寶貴功課。如果你願意當作一個生命共同體來支持你的領袖和權柄，那麼你的難處將被解決。有一天神要親自提升你，使你站在那個位分當中。

　　阿爸父神，我奉祢的名祝福每一位朋友弟兄姊妹，求祢幫助我們知道如何面對生命中的難處，也曉得如何為我們的難處禱告。

　　禱告是奉耶穌基督的名求，阿們。

跟主耶穌 説説話

來到主的面前，向祂傾訴得著安慰；
抓住神的應許，向祂祈禱使你有力量！

神要將你的苦難轉化成祝福，在你的生命歷程中，現在正遭遇什麼難處？期待神的轉化祝福這時已經啟動了。

把你心中的需要或渴望交給神，這對你而言，是否會有些困難？真實來跟神表達，相信神要加添力量給你。

禱告，
敞開祝福天窗

神用祂的話語創造世界萬物，也用祂的話語立定歷史發展的軌跡，祂能夠清楚指明未來的事情，而且神一定會照祂所說的話去做！若有人對禱告抱持著可有可無的態度，不呼求、不禱告，神也只能尊重你，但這是非常令人遺憾的，因為你不知道自己正錯失了神的祝福！

聖經中一再鼓勵我們要起來禱告，尋求神的幫助，祂必要回應我們！因為神對我們的美好心意，就是定意要來祝福我們！

三個重要的禱告，
打開祝福的天窗

1
謙卑認罪、彼此代求的禱告，
打開祝福的天窗

「這稱為我名下的子民，若是自卑、禱告，尋求我的

面，轉離他們的惡行，我必從天上垂聽，赦免他們的罪，醫治他們的地。」（歷代志下七章 14 節）聖經告訴我們，當一個人願意謙卑、向神承認自己的罪過並悔改回轉向神，（「罪過」意思是：一切不符合神話語的生命狀態或生活方式），跟神發出禱告與祈求，那麼他的禱告會打開天窗、降下祝福！

悔改最重要的意義，並不是你立刻要改變到完美，而是你不同意讓罪以任何的形式存在於你的生命中。當我們悔改的時候，未必已經都脫離了那個罪，或者已經不會再犯那個罪，很少人真的做得到這樣的程度。但是，為什麼還是要悔改？因為「悔改」表達一個很重要的意志，就是你選擇承認過去生命中的一些生活方式、思想意念及態度行為是不合神心意的，這是非常重要的一件事情，因為神不能夠強迫你的自由意志。

有些人覺得：「聖經提到的大部分我都同意，某一部分我就是不同意，覺得那個不是罪……」同意的力量很大！如果你同意罪，神能力再大，也不能幫你挪開那個罪，因為你自己同意它。也許你有一個癮在身上，不是一天兩天就戒得了，可是你知道這是不對的事情。每一次你又犯了或軟弱了，就來跟神禱告，求神赦免幫助，終究你必勝過這個癮。

一個人若很難謙卑，通常有兩個因素

一、他是一個受害者

我們最容易在青少年族群中看到這樣的情況，因為父母的軟弱，做了一些事、講了一些話，讓孩子受傷了。這個孩子從受傷的心態中，覺得自己有充分的理由，堅持自己是被不公平對待的那一方，認為自己有權指控別人，覺得父母、這個世界，甚至神，欠他一個道歉！若一個人他有受害者的心態，他不會注意自己做了哪些偏差的行為，或自己有哪些需要改變的地方，認為都是別人的錯造成他的受傷，這樣子的人很難謙卑悔改。

二、他是一個自義者

他雖然不是受害者，但他為著幫助受害者，或者某種對的理由，卻做了偏離真理的事、做了錯的事。他不會承認那是錯的事，因為他是用自己的標準或非聖經的標準在衡量對錯，這樣的人也很難謙卑悔改！

這世界上有這麼多不公不義的事情，人活在這個世界上多少都會受到傷害，但是神不鼓勵我們自己伸冤報復，要寬恕那些傷害你的人。聖經講得很清楚，我們不要為自己伸冤，不要為自己復仇。「親愛的弟兄，不要自己伸冤，寧可讓步，聽憑主怒（或作：讓人發怒）；因為經上記著：主說：伸冤在我；我必報應。」（羅馬書十二章 19 節）約瑟的哥哥們把他賣了，他的主人誣告他，旁邊的人都遺棄他。可是，當約瑟後來成為埃及宰相時，他並沒有報復哥哥，沒有報復以前的主人，沒有報復典獄長及那些遺忘他的人。因為他知道伸冤在神！

　　還有些人因為有向某個神明奉獻金錢，做了很多功德與善事，關懷某些弱勢族群，或關心大家所關切的社會議題，甚至為此貢獻自己，但可能依舊過著欺騙與不道德的生活，忽略自己生命中需要對付的罪，這樣的人很難謙卑悔改。

［謙卑認罪，讓禱告沒有阻隔］

　　為何我們需要認罪悔改？「罪」的定義就是沒有射中靶心！只要偏離神的標準或話語，從聖經的定義來說，就是犯罪了！聖經上說：「世人都犯了罪，虧缺了神的榮耀！」（羅馬書三章 23 節）因此，我們才需要耶穌基督的救恩，只有神稱為義的人，才是真正的義人，要成為義人的先決條件是，承認自己是個罪人。當一個人真正來到神面前的時候，才知道自己是一個何等不完全的人。當我們願意謙卑認罪並且彼此代求時，神必打開天窗祝福我們！

　　如果你沒有過教會生活，自己一個人過所謂的基督徒生活，不會覺得自己有錯、有什麼需要悔改。當你在教會群體裡面，會看到自己生命的軟弱，例如：你會跟人家起衝突，你會跟人家有磨擦。造成衝突和磨擦的原因，有可能是別人的問題，也可能有一部分是自己需要成長、改變的地方。當我們願意在教會生活中，彼此認罪、互相代求時，可以避免自己成為一個受害者或自義者，也讓我們彼此提醒、永保謙卑，好讓我們的禱告沒有阻隔！

2 交託憂慮、堅信應許的禱告，打開祝福的天窗

「應當一無掛慮，只要凡事藉著禱告、祈求和感謝，將你們所要的告訴神。神所賜出人意外的平安，必在基督耶穌裡保守你們的心懷意念。」（腓立比書四章6-7節）聖經教導我們要學習把憂慮交託神！當我們這樣子禱告，神一定會回應我們。重點是，要學習交託你的憂慮並且堅信神的應許！祂已經應許，願意這樣交託憂慮的人，神要打開天窗，讓他經歷出人意料之外的平安。

但是，我們要知道，神運行有祂的「原則」與「過程」；神做事有祂的「時間」與「方式」。確實，神回應我們禱告的方式與過程、時間與做法，往往跟我們想像的不太一樣。因此，這處聖經會說「出人意外」的平安！有時候，神並沒有照我們所想像、所期待的成就。但是，神答應我們一件事情，神一定會把最終的平安給我們，照祂所說的來成就祂認為最美好的事情。長遠來看，神必要賜下平安給你，並且是超過你所求所想的平安。

神藉著禱告在我們身上做三件事：

一、神要我更認識祂：藉著與神的禱告互動，我們會越來越認識神。

二、神要我更像祂自己：藉著禱告，神引導我們的心思意念，處理我們的罪，建造我們的信心，使我們的生命越來

越像祂，滿有基督長成的身量！使我們學習從神的眼光來看自己與身旁的人、事、物。

三、神要與我分享祂的榮耀：神藉著我的禱告行事，使我有份於祂永恆的產業與榮耀。

3

神國降臨、神旨意成就的禱告，
打開祝福的天窗

神設立禱告最重要的目的是要我們更多認識祂，而且神要我們越來越像祂！耶穌教導我們要按著神的心意來禱告：「所以，你們禱告要這樣說：我們在天上的父，願人都尊你的名為聖，願你的國降臨，願你的旨意行在地上，如同行在天上。」（馬太福音六章 9-10 節）

歷史上有許多這樣的例子：神早就應許亞伯拉罕，要把迦南地賜給他及他的後代子孫為產業。因此，神呼召摩西帶領以色列人離開埃及來到曠野，摩西上西乃山領受法版十誡，以色列人卻在山下造了一座金牛犢膜拜，神非常生氣要消滅以色列人，摩西為以色列人代求，求神的憐憫，神就赦免以色列人拜金牛犢的罪，最後神也回應摩西的禱告，會與他們同去迦南地！

[按著神的話與應許禱告]

以賽亞這樣說：「耶和華以色列的聖者，就是造就以色列的，如此說：將來的事你們可以問我；至於我的眾子，並我手的工作，你們可以求我命定（原文是吩咐我）。」（以賽亞書四十五章 11 節）

因此，當我們按著神的心意來禱告，神終究要實現這樣的禱告！總體來說，神在歷史上已經發出很多的預言，也宣告很多的應許。神在等候有人看見祂所說的話，起來照祂所說的話，向神發出禱告，然後神就工作了！為什麼神要給我們祂的話語跟祂的應許？因為神要我們用祂的話跟應許，成為我們禱告的素材，以至於讓神可以在歷史上工作。神希望我們了解祂，明白祂的心意，然後願意與祂同心，祂就必照我們所求的，按著祂的時候、過程與原則來成就這些事情。

今天，神已經清楚表明，我們若禱告，神必要成就！例如：福音必要傳遍天下，甚至到地極；認識神榮耀的知識必要充滿遍地，像水充滿洋海；天必留祂，等到萬物復興的時候；也就是眾先知所說的成就的時候。

主禱文則是耶穌教導我們最重要的禱告：「願你的國降臨；願你的旨意行在地上，如同行在天上。」（馬太福音六章 10 節）也許，這個世界還有很多問題、很多罪惡、很多黑暗，可是耶穌已經親口做了這個禱告，也教導我們如此禱告。將來有一天這個禱告必要成就！

[獻上自己成為禱告的器皿]

如果我們不相信神的話，只看見世界上的罪惡跟混亂，我們就沒有力量、沒有信心。如果我們願意相信神的話，抓住神的心意，獻上自己成為禱告的器皿，讓神的旨意可以暢通無阻！

不要被負面的想法充斥你的心，要被神的話充滿你的心！末後雖然會有很大的爭戰，撒旦權勢很厲害，罪惡猖獗蔓延。但是，神是終究會得勝的，遍地必充滿祂的榮耀。我相信，神的百姓、神的兒女、神的教會會更加強盛榮耀！耶穌說，我要賜給教會權柄是陰間沒有辦法勝過的。在末後的世代，神要使用每一位相信禱告的力量、願意遵行神旨意的人，起來翻轉這個世界！

如果我們大半輩子的時間都在處理自己的罪，都在祈求關乎個人的事情，實在是太浪費了！神要你起來成為一個禱告的器皿，然後按著神的心意禱告，藉著你的禱告可以搖撼世界的歷史！而我最大的期待是，你我起來成為一個禱告的人！耶穌在世的時候，祂每天清晨就去禱告，祂也常常在忙完各樣服事之後，離開門徒獨自去禱告。若神的兒子在地上需要這樣禱告，我們豈不是更加需要？讓我們舉起禱告的手，讓這世界因此而蒙福！

@本文出自旌旗教會主日信息【如何向上帝禱告─禱告，打開祝福的天窗】

讓蕭牧師為你禱告

或許你為很多擔憂的事情禱告，好像神一直都沒有回應。有時候，你會懷疑到底神有沒有聽見你的禱告？或者你常常有一種感覺：「神真的愛我嗎？神真的在乎我嗎？」我覺得，神要跟你說：「我的孩子，我確實聽見你的禱告，我也非常關切你，也很愛你。不要放棄相信應許，不要放棄你的禱告，我必要在成熟的時機，賜你超乎意料之外的平安！」

還有一些人，你常覺得你的禱告一直受到很多攔阻，那是因為你不願意謙卑下來承認自己的罪，或者你覺得悔改也沒有用，覺得自己已經改變不了。神要跟你說：「我的孩子，在我凡事都能！」神不是要你做到完美，不是要你成為聖人，神只是要你起來不同意那個罪，不論是一種生活方式、錯誤的關係、意識形態或是價值觀，不要同意讓它存在你身上。當你願意開始起來為這件事情悔改禱告的時候，神必賜給你力量勝過撒旦的試探和謊言，至終你要得勝而且得勝有餘！

甚至有人，你已經被神呼召起來禱告，你要起來採取行動參與神永恆的計畫。對你來說，最大的困擾是你看到很多很大的問題或需要，卻覺得自己很軟弱，不能做什麼。神要跟你說：「我的孩子，不要小看自己，我不會讓你單獨去面對這件事情。我要使用你、預備你、裝備你、成全你，使你的生命可以參與分享我的榮耀與產業！」

阿爸父神，我奉祢的名來宣告祝福每位弟兄姊妹，祢的真理要充滿在我們生命裡面，照著祢的話成就最榮耀的心意在我們當中！

禱告是奉耶穌基督的名求，阿們。

跟主耶穌 說說話

來到主的面前，向祂傾訴得著安慰；
抓住神的應許，向祂祈禱使你有力量！

你有沒有為著哪些人事物，已經禱告滿長一段時間，但神還沒有回應？尚未看見渴望的事情發生，你通常會做什麼舉動，或內心產生什麼想法？

按著神的心意來禱告，將打開祝福的天窗。祈求神讓祂引導你為著哪一件你特別有感動的事來禱告，在禱告中更深經歷神的大能。

禱告，
打開神的耳朵

很多基督徒可能常會有這種感覺：「為什麼有些禱告，神很快就回應；但是有些禱告，神卻一直沒有回應？難道神沒聽見我的禱告嗎？」我們可以從聖經的內容，來回應許多人心中的問題：「如何向上帝禱告？」

按照宗教統計報告，全世界超過九成以上的人都有宗教信仰，而禱告是人類與生俱來的本能，在人類歷史及各個民族文化裡面，禱告是很普遍的事情，藉著禱告，我們能與神建立一個真實的關係。

如果我們越認識神，就越能了解關乎生命和虔敬的事！或許有些人會問：「要如何跟神建立關係？有什麼方法可以認識這位神？」其實，聖經告訴我們，神早就把關乎認識祂的一切資源賜給了我們。神的本質是充滿慈愛又有憐憫的，若我們願意把自己交託給祂，祂一定會聽我們的禱告、讓我們可以更多來認識祂！

三個理由，知道神一定會
聽見我的禱告

1 神充滿慈愛憐憫，祂必垂聽我的禱告

上帝是聽禱告的神，祂一定會聽見你我的禱告，而且神非常喜歡我們向祂禱告。神垂聽我們的禱告，因為祂是充滿慈愛與憐憫的神。聖經上說：「造耳朵的，難道自己不聽見嗎？造眼睛的，難道自己不看見嗎？」（詩篇九十四篇 9 節）我們的耳朵和眼睛都是神創造的，所以神一定聽得見，也看得見！有時候，我們會覺得自己做得不好，神一定不會聽禱告，那是我們用人的想法來反射神。

另一處聖經說：「主啊，你本為良善，樂意饒恕人，有豐盛的慈愛賜給凡求告你的人。」（詩篇八十六篇 5 節）上帝是樂意寬恕我們一切過犯的神，祂關心我們的事情，並且樂意垂聽我們的禱告。我們都還不完全，也會犯錯跌倒，若是我們願意來到神面前承認自己的軟弱，認罪悔改回轉向神，願意繼續相信神豐盛的慈愛，那麼神很願意垂聽我們的禱告、回應我們的禱告！

「你們要將一切的憂慮卸給神，因為他顧念你們。」（彼得前書五章 7 節）整本聖經不斷地鼓勵我們常常來到神面前禱告，把我們的需要跟祂說，甚至將我們的痛苦與重擔交託

給祂。禱告最重要的根基，不是自己的表現如何，或是擁有多麼華麗的辭藻或技巧，乃是因為上帝是慈愛憐憫的神，祂是一個聽我們禱告的神！

有時候，我們常把「神聽見我的禱告」等同於「神答應我的禱告」，把這兩件事情搞混了。如果一個禱告沒有蒙應允，常被解讀為「神沒有聽見我的禱告」，這種對禱告的理解是不正確的！我們的神不是阿拉丁神燈，吩咐神燈就有求必應。既然神是我們生命的主宰，祂不一定會答應我們所有請求，因為神有祂的主權、有祂的時間。

神回應禱告的方式通常有三種：「好—神答應」、「不—神不答應」或者「等—不是不答應，只是時候未到」。無論神的回應是什麼，祂一定聽見我們的禱告！

2　神期待我更認識祂，祂要回應我的禱告

神一定會聽我們禱告，因為祂期待我們更認識祂，並且要建造、提升、祝福我們的生命！「認識神」對於我們的一生有多麼地重要！可是，我們必須承認「認識神」這件事情的優先次序常被我們放在最後面。人們常會說：「我有很重要的事要做、我要趕快工作賺錢打拼事業、我要完成自己設定的人生目標。至於，認識神這件事情，再放後面一點，等我忙完有空再說。」但是，從神的眼光來看，我們活在這世界上最重要的一件事，就是「認識神！」

聖經用一個圖像來描述認識神的重要性：「我們務要認識耶和華，竭力追求認識他。他出現確如晨光；他必臨到我們像甘雨，像滋潤田地的春雨。」（何西阿書六章 3 節）如果我們願意竭力追求認識神，我們的生命必然蒙受更大的祝福！如果你不認識神，就不敢相信祂，你就越掌控自己的人生，活得也就越枯乾、越辛苦。但是，如果你越認識神，你就越了解祂的慈愛，越了解祂的主權，越了解祂不會害你、祂只會愛你。

有時候，神沒有照你的期待來回應你的禱告，你會覺得很委屈，你會覺得神很不夠意思。但是，如果你真的認識神，你要願意把生命的道路交在祂手中，這樣子才會經歷神的祝福、引導與保護。

「神的神能已將一切關乎生命和虔敬的事賜給我們，皆因我們認識那用自己榮耀和美德召我們的主。」（彼得後書一章 3 節）有些人會問：「有什麼方法可以認識這位神？」你如何認識一個人？豈不是藉著跟他之間有長時間的互動，進而更多認識對方。同樣地，我們若要竭力追求認識神，就需要與神有持續地互動，透過禱告，神會一步步地讓我們更認識祂！有時候禱告神很快就回應，但有時又很慢，甚至沒有回應。此時，你要問「為什麼？」你要去了解，為什麼這件事情，神有回應你的禱告；為什麼那件事情，神沒有回應你的禱告。在這個過程裡面，你要去觀察上帝對你的帶領，這樣你就會更多認識神了！

［藉著禱告認識神慈愛豐盛的本質］

　　藉著我們的禱告，神會教導我們很多關於屬靈方面的功課。有一天我在靈修的時候，看到耶穌跟門徒在最後晚餐所做的禱告：「凡是我的，都是你的；你的也是我的，並且我因他們得了榮耀。」（約翰福音十七章 10 節）原來，當一個人單單為神、不再為自己的時候，那麼神所有的，也就是他的了！

　　另外一處聖經：「父親對他說：兒啊！你常和我同在，我一切所有的都是你的；」（路加福音十五章 31 節）在這個浪子的故事中，父親對大兒子說：「我一切所有的都是你的」，這件事大兒子竟然不知道，也無法想像與體會。這裡有一個很重要的奧祕，耶穌知道自己所做的一切，都是為阿爸父做的。耶穌非常清楚阿爸父一切所有的，也都是祂的。而浪子故事中的大兒子，不覺得自己是兒子，覺得自己像雇工，每天認真努力工作，只希望得到爸爸的肯定與獎賞。很可惜的是，大兒子從來沒有禱告、沒有跟父親求，不知道父親一切都是他的。在我禱告中，當我宣告我的一切都屬神的時候，同時我也擁有了神的一切！所以，我也要做跟耶穌同樣的決定與禱告，這會使我更認識神的慈愛與豐盛的本質。

　　另一處聖經記載：「那二十四位長老就俯伏在坐寶座的面前，敬拜那活到永永遠遠的，又把他們的冠冕放在寶座前」（啟示錄四章 10 節）那二十四位長老每逢在敬拜的時候，就把他們的冠冕獻在寶座面前。以前讀到這段聖經節覺得很難理解，聖靈就告訴我：「當你願意把冠冕獻給神的時候，你

給出去之後，神就再給你一個更大的冠冕。如果你願意不斷地把冠冕獻給神，神就永遠再把更大的冠冕賜給你。」耶穌曾經講過一句話：「因為凡要救自己生命的，必喪掉生命；凡為我喪掉生命的，必得著生命。」（馬太福音十六章25節）很多人一輩子緊緊抓住自己所擁有的，當我們願意把所有一切都獻給神時，有一天我們將要與神一同坐在寶座上，分享神的榮耀。

聖經告訴我們要捨棄自己，讓基督在我們裡面充滿。當我們願意讓神來帶領，才能夠活出自我受造的真正目的。「猶太人和希利尼人並沒有分別，因為眾人同有一位主：他也厚待一切求告他的人。」（羅馬書十章12節）神沒有偏待人，祂很愛每一個人，祂必公平地厚待一切求告祂的人！禱告可以使我們更認識神。如果你願意來到神面前尋求，祂必垂聽你的禱告，祂也會逐步向你啟示祂自己的本質，透過這樣子你會更認識神。

3 神要讓我了解生命目的，
祂會引導我如何禱告

「他使我的靈魂甦醒，為自己的名引導我走義路。」（詩篇二十三篇3節）你跟神有真實的互動，神一定會聽我們的禱告，為了要引導我們人生的道路，好讓我們的生命目的能夠有效地被實現出來。

「你要專心仰賴耶和華,不可倚靠自己的聰明,在你一切所行的事上都要認定他,他必指引你的路。」(箴言三章 5-6 節)當你為某一件事禱告時,神會引導你禱告的方向與內容;當你禱告方向與內容正確時,很多事就會水到渠成!這會讓我們更認識神,明白神要我們如何看待這件事,引導我們做出正確的禱告,並且帶下神的成全之路!

神在我們生命中都有一個很美好的計畫,有些時候我們禱告的內容卻太過狹隘,大多都是禱告自身所關切的事情。我們常以「人」的角度,試圖去理解上帝,以為神不喜歡人祈求大事,免得人貪得無厭。然而,上帝的神性與我們的人性是截然不同的。其實,神很希望我們求更大的事!經上記載:「你求我,我就將列國賜你為基業,將地極賜你為田產。」(詩篇二篇 8 節)耶穌教導門徒的禱告,第一句提到:「願你的國降臨,願你的旨意行在地上,如同行在天上。」(馬太福音六章 10 節)

我們不是不能為個人的需要禱告,但神要打開我們的眼睛,讓我們更多看到世界的需要。當我們大膽地提出要求時,祂不會生氣,因上帝的本性乃是愛與給予。因著這份愛,祂將所有的產業,甚至不顧惜自己的愛子,甘心樂意為我們獻上。「神愛世人,甚至將他的獨生子賜給他們,叫一切信他的,不致滅亡,反得永生。」(約翰福音三章 16 節)在人看來,我們的要求好像毫無盼望,卻是上帝展現大能的機會!你我需要學習按著神的心意禱告,尊重神的大能與美善的本性,大膽開口呼求吧!

　　很多基督徒會有一種感覺：「我們應該要知足，為現在所擁有的感恩。」感恩並非壞事，但我們更應該向神祈禱，有能力去服務並祝福他人。「他向百姓顯出大能的作為，把外邦的地賜給他們為業。」（詩篇一百一十一篇6節）當我們看見全球福音的需要，還有這世界上那些需要幫助的人，我們必須承認：我們能夠提供的資源是非常有限的，但是，我們常常忘了，上帝已經擁有了世界和其中的一切，祂可以毫無限制地給予。聖經上有一句話說：「地和其中所充滿的，世界和住在其間的，都屬耶和華。」（詩篇二十四篇1節）

　　如果你看到這個世界上有一種困難、有一種需要、有一種迫切，而那個東西常常觸動你的心，我鼓勵你勇敢為那件事情禱告。聖經上說：「我要求告至高的神，就是為我成全諸事的神。」（詩篇五十七篇2節）禱告真的大有力量！如果你願意按著神的心意禱告，尊重神的大能與美善的本性，不斷尋求關乎人生的意義與目的時，神必聽見你的禱告，祂要引導你的道路，成全你的生命！

@本文出自旌旗教會主日信息【如何向上帝禱告──禱告，打開神的耳朵】

讓蕭牧師為你禱告

如果你一直禱告的那件事情，神卻遲遲沒有回應你，有時候你心裡會覺得委屈跟挫折。你的禱告已經達到神的耳朵，神已聽見了！神要你繼續相信跟隨他，而且繼續禱告，神要來祝福你，藉著這個禱告，讓你更多認識他。我覺得，神要你做兩件事情：第一、繼續禱告、繼續信靠、繼續跟隨主。第二、允許聖靈引導你的心、調整你的禱告。有時候，神會引導你擴增或改變你的禱告內容，神正在幫助你用上帝的眼光重新看待你所禱告的這件事。藉著這樣子，祂要你更認識祂，而且要成全你的生命。當禱告的頻率調對了，你就會領受神的回應。

此外，若你在職場上是一個領袖，你一直在為工作、目標或業績來禱告，對你的公司、你的團隊來說，這是非常重要的一件事情。神要鼓勵你，不要只為公司、組織、目標或業績禱告，你要求他的國、他的旨意更大降臨在你的職場中，他要你為那關乎神國度的事來禱告。當你這樣禱告的時候，神要帶領你經歷更大的祝福。

還有一種人，就是你一直覺得自己做了很多事情，都是為別人而做，你所做的一切都歸功給別人，到最後自己什麼都沒有，自己的需要也沒有被滿足，你常常覺得自己很委屈，覺得神對你不太公平。神說：「我的孩子，我的一切都是你的，不要為自己籌謀或是專注在自己的委屈上，你只要跟我求，我必要賞賜給你！」不要讓自己成為神國度裡的孤兒，要當兒子，不要做雇工。當你願意把所有的東西給神，不為自己求的時候，神也要把一切所有的跟你分享。

阿爸父神，我要奉祢的名宣告，祢要在我們的生命當中成就大事，祢教導我們禱告，因為祢一定垂聽我們的禱告。因為祢是慈愛的神，祢

要我們在禱告中更認識祢，祢也藉著我們的禱告來引導、成全我們的生命。求祢幫助我們更看重禱告，並在禱告中經歷祢一切的美善跟豐盛。

宣告禱告是奉耶穌基督的名求，阿們。

 跟主耶穌說說話 | 來到主的面前，向祂傾訴得著安慰；
抓住神的應許，向祂祈禱使你有力量！

當你跟神祈求的事情沒有得到回應，你是否也曾懷疑：難道神沒聽見我的禱告嗎？那是什麼樣的過程跟情緒呢？

神鼓勵你不要成為神國度裡的孤兒，你是祂寶貴的孩子，孩子向爸爸祈求的禱告，神一定打開耳朵仔細聽。安靜下來，聽聽看神是否引導你為什麼樣的人事物來禱告？

禱告，
支取神的大能

　　很多人對於禱告常會產生一種困惑：「神啊，祢不是全知全能的神嗎？祢不是統管萬有、創造天地萬物、無所不知、無所不能、無所不在的神嗎？既然這樣，祢知道我的需要，知道我的困難，也知道我一切的細節，就連我的頭髮祢都數過，祢就來幫我就好了，為什麼還要我開口禱告？」原來，神設定了禱告的原則，為的是希望與我們分享祂的榮耀！

　　神完全了解你一切的困難跟需要，或這世界許多的難題，但是，祂設定一個原則，要你我開口來跟祂禱告，然後神會按照祂認為對你、對我、對世界最好的方式，開始動工。「為什麼要這麼麻煩？祢就直接介入就好了？！」如果在你還沒有發現任何問題或困難之前，神都幫你解決、處理了，那麼你一點都不會覺得自己需要神！

　　神創造人類的目的，最重要的是要與我們建立親密的關係。神要的是兒子跟女兒，不是機器人或木偶，祂要的是心思意念像祂一樣成熟跟完全的存在體。神要藉著禱告把我們的心跟祂的心拉在一起，以至於我們可以從祂的角度和眼光

更認識祂，也更認識萬物。

聖經中充滿在各種情況下對禱告力量的描述，舉幾個例子來說：

● **禱告戰勝了敵人**：摩西戰勝亞瑪力人、希西家王戰勝亞述大軍、約沙法王用讚美擊退亞捫人和摩押人聯軍。

● **禱告改變了氣候**：以利亞禱告不下雨或下雨、耶穌平靜風浪。

● **禱告帶來醫治**：以利沙醫治死去的孩子，使之復活；耶穌醫治許多病人、使徒施行醫治。

● **禱告彰顯神的能力**：摩西分開紅海、約書亞止住日月、以利亞禱告叫火從天而降。

有些人會覺得，有禱告跟沒有禱告並沒有差別。如果你輕看禱告的力量，將錯失神藉著你的生命彰顯大能的機會。永遠不要低估禱告的力量，藉著禱告可以支取神的大能，神會讓人的眼睛睜開、心靈改變、創傷醫治、得到智慧，不論對你的生命，還有對這個世界都能產生重大的影響！

關鍵的禱告，
支取神大能

1 ／ 領受被神稱義的身分

神很希望所有人類能夠來向祂禱告，藉著禱告來支取祂的力量並得著幫助！但是，如果一個人不認識神、不相信神、不禱告神，如何能得到這樣的幫助呢？聖經如此描述這件事：「因為凡求告主名的，就必得救。然而，人未曾信他，怎能求他呢？未曾聽見他，怎能信他呢？沒有傳道的，怎能聽見呢？」（羅馬書十章 13-14 節）

首先，你必須與上帝建立正確的關係，才能有效地支取禱告的大能！聖經說：「我們既因信稱義，就藉著我們的主耶穌基督得與神相和。我們又藉著他，因信得進入現在所站的這恩典中，並且歡歡喜喜盼望神的榮耀。」（羅馬書五章 1-2 節）

那些因信耶穌而被神稱為義的人，他們就跟神有了正確的關係；因此，他們可以活在上帝的恩典中。這樣的人擁有禱告的權柄，可以讓神藉著他的禱告工作，也就可以分享神的榮耀！禱告是神工作的軌道！我們都知道，沒有先把軌道鋪好，火車是動不了的。一樣的道理，我們若不禱告，神則無法在那件事情上動工！

另一處聖經這樣說：「……義人祈禱所發的力量是大有功效的。」（雅各書五章16節）這裡說的「義人」，不是指沒有罪或完美的人；而是指在基督裡因著信被神稱義的人！我們都不是完美的人，只是因為單單信耶穌，就在神面前被稱為義人，那麼這樣子神就要來垂聽並回應我們的禱告。

2 相信並遵行神的話語

因信稱義的信心是一種相信並且遵行神話語的信心。既然禱告能夠支取神的大能，對神的信心就是重大關鍵！那麼，聖經所說的信心到底是什麼？首先，聖經對信心的定義：「信就是所望之事的實底，是未見之事的確據。」（希伯來書十一章1節）信心的意思是：目前還沒有看見的事物，但在信心中確定將來必看見這事物；信心就是所盼望或期待的事雖然尚未發生，但在信心中確定它必然會發生！例如：雖然尚未看到高鐵出現，但在信心中確定，時間到了必看見高鐵抵達到站；用 ATM 提款時，雖然機器尚未吐鈔，但相信吐鈔的事實必然發生。

為什麼信耶穌會得永生？永生在哪裡？信耶穌得永生是神給我們的應許，聖經中有數以千計的應許在歷史上已經全部應驗了！聖經上講的信心，不是一種空泛的認知，而是對神話語完全地相信。此外，信心一定帶著實際的行動，信心沒有行動是沒有用的。如果對於神的話語，只有知識、頭腦上的認知，並沒有真正的行動，這樣的信心是虛假的。

　　其次，信心從哪裡來？信心如何產生？聖經說：「可見信道是從聽道來的，聽道是從基督的話來的。」（羅馬書十章17節）信心基本上是從聽見神的話而來，也許有些神的話現在還沒有成就，相信神一定會照祂所說的話來回應、成就祂認為最美好的事情！

　　這段聖經告訴我們：「人非有信，就不能得神的喜悅；因為到神面前來的人必須信有神，且信他賞賜那尋求他的人。」（希伯來書十一章6節）神喜悅人用這樣的信心，來尋求祂的賞賜！這裡說到，神喜悅人的兩件事情，第一件事：「相信有神的存在。」這個地球上絕大多數的人都相信有神的存在。第二件事情：「相信這一位神會賞賜那些尋求祂的人。」我們的生命氣息都來自於這位造物主，你我存在的本身，就是神的賞賜！

3　相信神的話並採取行動

　　在希伯來書十一章當中，描述的這個「信」是什麼意思？你不僅相信神，也相信神會賞賜你，而且為著你對神的相信採取行動。這樣子，你的信心才是真實的信心！所以，希伯來書十一章後面，提到一些關於信心的例子：「挪亞因著信，既蒙神指示他未見的事，動了敬畏的心，預備了一隻方舟，使他全家得救。因此就定了那世代的罪，自己也承受了那從信而來的義。」（希伯來書十一章7節）事實上，神跟挪

亞說：「我要用洪水滅了這個世界，所以你要造一艘船。」神跟他講這件事，到真正洪水來差不多經過一百年的時間。挪亞帶著全家在山上開始建造一艘大船，旁邊的人覺得挪亞是個瘋子，甚至他還被嘲諷一百年。但挪亞相信還沒有發生的事情，因為神說了，他就採取行動去回應神所說的。

另外一個例子：「他因著信，就離開埃及，不怕王怒；因為他恆心忍耐，如同看見那不能看見的主。」（希伯來書十一章 27 節）摩西本來是埃及王子，在王宮裡過得好好的，為了拯救以色列人，他把自己降格跟奴隸同位階。因為摩西知道，神在他身上有一個使命，要去解救他的民族跟同胞。所以，他放棄在埃及王宮的身分，看見神給他的產業。這些聖經人物在信心中看見神的應許，他們因著信，願意採取實際的行動，這樣的信心才是真實的信心！

聖經中有一段話：「我的弟兄們，若有人說自己有信心，卻沒有行為，有什麼益處呢？這信心能救他嗎？若是弟兄或是姊妹，赤身露體，又缺了日用的飲食；你們中間有人對他們說：平平安安地去吧！願你們穿得暖，吃得飽；卻不給他們身體所需用的，這有什麼益處呢？這樣，信心若沒有行為就是死的。必有人說：你有信心，我有行為；你將你沒有行為的信心指給我看，我便藉著我的行為，將我的信心指給你看。你信神只有一位，你信的不錯；鬼魔也信，卻是戰驚。虛浮的人哪，你願意知道沒有行為的信心是死的嗎？我們的祖宗亞伯拉罕把他兒子以撒獻在壇上，豈不是因行為稱義嗎？可見信心是與他的行為並行，而且信心因著行為才得成全。這就應驗經上所說：亞伯拉罕信神，

這就算為他的義。他又得稱為神的朋友。這樣看來，人稱義是因著行為，不是單因著信。」（雅各書二章 14-24 節）這處聖經提到，真實的信心必有行為的表現！很多神的兒女相信耶穌，知道上帝是三位一體的神，也會背誦很多聖經經文，卻不願照著神的話去做。真實的信心是，你願意相信神的話，並且願意採取行動去回應神的話！雅各不是說，我們是因「行為」被神稱義，他說的是，真正的信心是有外在行為的表徵；因著外在實際的行為，才使內在的信心得以完全！

聖經說：「親愛的弟兄啊，我們的心若不責備我們，就可以向神坦然無懼了。並且我們一切所求的，就從他得著；因為我們遵守他的命令，行他所喜悅的事。」（約翰一書三章 21-22 節）並非我們的行為要完美或完全，而是我們願意去回應神的話語，願意去照神的話語而行；縱然做的不完美，但若我們的心是願意的，那麼，在這樣的信心中去禱告將蒙神回應。你願意照聖經神話語所教導的方式去生活嗎？你願意試著去饒恕嗎？你願意承認自己的罪與過犯嗎？你願意去施予、去愛、去服事有需要的人嗎？你願意試著關切神所關切的嗎？當你的價值、信念與想法跟神的話語不同時，你願意放下自己，捨棄自己的看法，來對齊神的真理嗎？當你願意用這樣的信心來禱告，必能得著神的回應！

真實的禱告，看見天國的需要

「你們要先求祂的國和祂的義，這些東西都要加給你們了。」（馬太福音六章 33 節）今天，在你的生活處境中，

神是否已經讓你看見，若要神的國降臨在地如在天，還有何種困難需要被解決？也許，有人看見這個世界上，有許多國家與地區還有龐大的人口未曾聽見天國的福音，神的救贖恩典他們沒有辦法領受，因為他們不認識神，所以還無法求告主的名，得著神的拯救與幫助。有人看見這世界還有許多城市國家，隱藏著許多的罪惡與苦難，需要神的憐憫與慈愛的滋潤。有人看見這世界某種不公義，或資源分配不均，或某種關乎全人類福祉的需要；或者某些弱勢族群很需要被關懷。無論哪一方面，若你願意啟動你的信心來禱告；也願意採取適當的行動，來回應神讓你看見的天國需要，我相信並宣告，你必支取神的大能！

25 年前，神讓我們看見這個世界有十三、十四億的華人還沒有信耶穌，這世界有六、七十億的人口，還有很多人沒有信耶穌，他們不知道神的名，無法求告主的名以至於得救。那時候，我們懷抱著一股熱情，開始建立教會，希望福音能遍傳整個世界，讓許多沒有聽見福音的人口，能夠有機會認識神。這 25 年來，我們已經可以看見神的大能大力彰顯在教會當中。

當神讓你看見需要，而你也願意跟神說：「這件事情需要祢大能的運行，否則沒有辦法解決！」好不好，去禱告！我相信，神要藉著你我的禱告，讓神的國降臨，讓神的旨意行在地上如同行在天上！

@本文出自旌旗教會主日信息【如何向上帝禱告—禱告，支取神的大能】

讓蕭牧師為你禱告

　　如果過去你對於聖經中的話，常常有自己的解讀跟看法，你總是無法完全地擁抱跟相信。我覺得神要跟你說：「我的孩子，我很愛你！你受苦很多年，常常是因為你對我的話總有自己的解讀，你願不願意放下自己，單單因為我說什麼就信而且去行。如果你願意這樣子做，你將看見我回應你的禱告，並且超過你所求所想！」

　　另外，如果你已經看見這個世界有一些需要，特別你可能看到福音的需要，但是你發現神的國度與神的旨意，很難有效地落實在地如在天。甚至，你有一種衝動想去當牧師或宣教士。我覺得，神要跟你說：「我的孩子，那不是你的想法，是聖靈在你裡面感動你，你要起來成為福音的使者，你要起來建造神的教會。當你願意回應神的呼召時，神有千百種方法可以成全這些關於天國的需要。所以，你願不願意再次為天國的需要禱告，再次獻上自己給主用？神會一步一步地引導你、裝備你、成全你！第一個很重要就是，先從委身教會生活開始，神要來成全你的生命！

　　若你還不是基督徒，或者你還不太確定你跟這位神之間的關係。禱告要支取神的大能最重要的根基就是，你要有一個對的身分，你要跟神有和睦、正確的關係，那麼你的禱告才能夠通暢。聖經上說：「凡接待他的，就是信他名的人，他就賜他們權柄，作神的兒女。」（約翰福音一章12節）

　　邀請你可以跟著我這樣禱告：「親愛的主耶穌，在這個時候，我願意打開我的心，邀請祢進到我的心中來成為我的救主，還有生命的主宰。我要請求祢赦免我的罪，寬恕我一切的過犯，帶領我的人生走在祢

最美好的道路中，幫助我能夠信靠你的話語，遵行你的話語，這樣子禱告是奉耶穌基督的名，阿們！」當你做了這個禱告表達願意接受耶穌、信靠耶穌基督，神就會賜給你一個新身分，作上帝的兒女！

　　阿爸父神，我奉祢的名來宣告祝福每位接受到這信息的弟兄姊妹，都能支取禱告的大能大力。我們要在祢的裡面領受這個對的身分，而且我們的信心是真實的信心，也是帶出實際行動的信心。就算只有一點點這樣的信心，祢都可以聽我們的禱告來移動山岳。求祢把這樣禱告大能充滿在我們當中。

　　禱告是奉耶穌基督的名求，阿們。

跟主耶穌說說話

來到主的面前，向祂傾訴得著安慰；
抓住神的應許，向祂祈禱使你有力量！

神設立禱告的原則，是希望能與你分享祂的榮耀。你目前最期待生命中的哪個領域（健康、關係、工作……等），可以在禱告中經歷神的大能幫助？

對你而言，你認為禱告最大的困難是什麼？自由地來跟神談一談你的感受。

仰望神的信實
增添信心

想開啟這位神的大能大力，信心是最關鍵的鑰匙，
勇敢相信、持續盼望等候，
將全然釋放神的大能與神蹟在你生命中。

勇敢相信神，
必經歷神蹟

　　很多東西對於我們不一定必要，但是有樣東西，絕不能夠缺少，那就是「信心」！不管在企業界或領導管理方面，都強調信心的重要性，信心對於一個基督徒的生命來說更是重要，是每一個想要更深認識信仰、認識神的人，心中渴望了解的議題。

　　哈佛大學肯特教授（Rosabeth Moss Kanter）在她的企業領導管理研究中，下一個結論說：「信心與希望是贏家跟輸家的分界點。」在她所出版的《信心》書中提到，「信心」看起來是一個很抽象的名詞，但信心卻可化成一個激勵與管理的工具，包括用在組織、公司或個人身上。我們要從聖經的角度來看信心的意義與價值，並且從更高的層次來談：「我們對神的信心。」

信心有
兩個重要意義

1 使你擁有更新的眼光，來承受神的產業

　　這裡講的，不是管理學的信心，而是在基督裡面的信心。如果你有一個從神來的信心或在基督信仰的信心，你會有一個與眾不同的眼光，能夠看見事情的不同層次。

　　聖經中關於信心最真實的例子，就是「摩西派遣十二個探子窺探迦南地」。上帝曾應許賜給亞伯拉罕跟他的後裔一塊迦南美地。經過四百年之後，神行了許多神蹟引導以色列人出埃及，他們最終來到迦南地。如果以直線距離計算，從埃及走到迦南地只需要十一天。學者們研究，以色列人出埃及將近有兩百萬人，再加上很多的牲口，還有很多的兒童跟老人。這一大群人如果慢慢走，大概一個月也應該走得到。但是，出埃及記記載，以色列人卻在曠野繞了四十年。

　　當他們快到迦南地的時候，摩西要求每一個支派，派出一個代表，要這十二個支派代表用四十天的時間進到迦南地，窺探了解當地的情況。四十天之後 這十二個探子回來向摩西報告他們所看見的，卻有兩種不同的結果。「探子中有人論到所窺探之地，向以色列人報惡信，說：我們所窺探經過之地，是吞吃居民之地，我們在那裡所看見的人民，都身

量高大。我們在那裡看見亞衲族人，就是偉人；他們是偉人的後裔。據我們看自己就如蚱蜢一樣；據他們看我們也是如此。」（民數記十三章 32-33 節）其中，有十個探子覺得，以色列人絕對不能進去，如果進去的話，不可能打贏這一場戰爭。

但是，另外兩個人（約書亞和迦勒）就說：「我們所窺探、經過之地，是極美之地。耶和華若喜悅我們，就必將我們領進那地，把地賜給我們；那地原是流奶與蜜之地。但你們不可背叛耶和華，也不要怕那地的居民；因為他們是我們的食物，並且蔭庇他們的已經離開他們。有耶和華與我們同在，不要怕他們！」（民數記十四章 7-9 節）這十二探子看的是同一塊迦南地，同樣都去四十天，卻有兩種不一樣的結果。因為他們有著不一樣的眼光，一個是有信心的眼光，一個是一般人的眼光。

［擁有信心的眼光，相信神的應許］

聖經上有一句話鼓勵我們：「不要效法這個世界，只要心意更新而變化，叫你們察驗何為神的善良、純全、可喜悅的旨意。」（羅馬書十二章 2 節）如果教會願意勇敢起來回應這個時代的困境，必帶來轉化跟恢復，讓神得著榮耀！當我們看見這世代還有許多福音未得之地，還有許多貧窮與各種資源缺乏的地區，有許多毒品與人口販賣、環境破壞等諸多問題尚未解決。我們覺得這世界只會越來越敗壞，甚至趨向滅亡？還是相信神能藉著教會，帶來復興跟改變？聖經

說：「天必留他，等到萬物復興的時候，就是神從創世以來、藉著聖先知的口所說的。」（使徒行傳三章 21 節）我相信，眾先知所說關乎未來復興的話，都要在未來的年日實現！雖然我們看到許多的痛苦，地球上還有許多的問題，但是神給祂的兒女、給祂的教會強大的應許，我們要用另一種眼光來看待世上的問題。

聖經上說：「然而，靠著愛我們的主，在這一切的事上已經得勝有餘了。」（羅馬書八章 37 節）、「我靠著那加給我力量的，凡事都能做。」（腓立比書四章 13 節）面對我們眼前的處境或環境，有時候我們會心驚肉跳、憂心忡忡，你是用世俗的眼光來解讀？還是用信心的眼光來解讀？聖經上說：「屬靈的人能看透萬事，卻沒有一人能看透了他。」（哥林多前書二章 15 節）當我們擁有從神而來的信心，我們會有一個更新的眼光，不會跟一般人一樣哀嘆、絕望。因為，在基督裡我們擁有豐盛的應許！神如果找到有信心的人，就會給他不一樣的眼光，並且賜給他榮耀的產業！

2　使你成為神大能的出口，使神得著榮耀

耶穌與馬大、馬利亞和拉撒路的關係非常好，耶穌每次要去耶路撒冷的時候，都會先住在他們家，再進入耶路撒冷。有一次耶穌在外面服事的時候，馬大派人去找耶穌，說：「耶穌，我的弟弟拉撒路生病了，請祢趕快來醫治他。」耶穌聽

到這個消息之後,並沒有立刻前去。當耶穌到了馬大家的時候,拉撒路已經死了,而且死了四天。當下,馬大跟馬利亞看到耶穌的時候,心情很錯綜複雜,一方面感到失望,一方面感到難過。耶穌對她們講了一句話:「我不是對你說過,你若信,就必看見神的榮耀嗎?」(約翰福音十一章 40 節)耶穌知道她們已經灰心喪志了,仍鼓勵她們要有信心。然後,耶穌來到拉撒路的墳墓旁邊,叫人把石頭挪開,向著挪開的墓穴說:「拉撒路出來!」不久之後,拉撒路活生生地從墓穴中走了出來。這件事情轟動整個耶路撒冷,使神得著極大的榮耀。耶穌在傳道的時候,醫治許多病人,祂最常講的一句話,就是:「你的信心救了你!」

一個人若不相信神蹟,就算有超自然的事情發生在他身上,他都可以有自己的解讀。「信心」能夠讓神釋放祂的大能,可是「不信」也會攔阻神釋放祂的大能!如果你對神有信心,你將經歷神蹟奇事發生在你的人生當中。在聖經裡面所講的信心,不是企業管理或領導學的信心,不是激發潛能的信心,而是讓你有一個更新的眼光,可以看見別人看不到的層次,會讓你接上超自然的能力,使你的人生處處經歷神蹟。不只如此,聖經的信心比一般的信心能夠帶出更高層次的價值與意義,使我們與神的能力接軌!

三件事情,教我們勇敢去相信

一、信心是奠基神的話語

如果我們希望有剛強勇敢的信心，我們必須要知道信心是根據神的話語。聖經告訴我們：信心就是相信神的話，神的話怎麼說，事情就怎麼成就！所以，聖經有一句話很重要：「可見信道是從聽道來的，聽道是從基督的話來的。」（羅馬書十章 17 節）在當時代的背景，會讀書識字的人並不多，絕大多數都是文盲，他們是用「聽」來認識神的道。大概在兩三百年前，人類教育越來越普及，越來越多人可以識字，今天我們不僅是用聽的，也要透過閱讀、默想、思考，更多把神的話豐豐富富地存在心裡面。

另外，信心是從神的話而來！天使跟馬利亞說：「因為，出於神的話，沒有一句不帶能力的。」（路加福音一章 37 節）聖經上有一句很祝福我們的話：「耶穌回答說：經上記著說：人活著不是單靠食物，乃是靠神口裡所出的一切話。」（路加福音四章 4 節）如果你相信神的話，願意凡事先求神的國跟神的義，你會不斷看見神的國跟神的榮耀，從你的生命當中彰顯出來。

二、信心是信任神的屬性

你要信任神的屬性，認識神的本質，了解祂是一位怎樣的神；如果你不信任神的屬性，你的人生很難有強盛的信心！

摩西在西乃山上跟神面對面，他代表全人類問了神這句話：「我要如何介紹祢？」在人類歷史記載以來，神第一次非常正式地向人類介紹祂自己的屬性：「耶和華在他面前宣告說：耶和華，耶和華，是有憐憫有恩典的神，不輕易發怒，

並有豐盛的慈愛和誠實，為千萬人存留慈愛，赦免罪孽、過犯，和罪惡，萬不以有罪的為無罪，必追討他的罪，自父及子，直到三、四代。」（出埃及記三十四章 6-7 節）這段經文敘述，是神向著所有人類的自我介紹，描述神的本性、神的本質，跟神的屬性。神是充滿憐憫、充滿恩典的神，不輕易發怒。但是，神絕對不會把有罪的當做無罪。另一段聖經說：「不可跪拜那些像，也不可事奉他，因為我耶和華──你的神是忌邪的神。恨我的，我必追討他的罪，自父及子，直到三四代；愛我、守我誡命的，我必向他們發慈愛，直到千代。」（出埃及記二十章 5-6 節）

神在舊約中清楚地說明自己的屬性與本質，綜括來說：
一、祂是充滿憐憫與恩典的神。
二、祂的脾氣很好，是溫和的神，不容易生氣。
三、祂有極大的慈愛。
四、祂品格良好，絕對誠信可靠。

聖經其他地方也陳明神的屬性：「因為神就是愛。」（約翰壹書四章 8 節）、「各樣美善的恩賜和各樣全備的賞賜都是從上頭來的，從眾光之父那裡降下來的；在他並沒有改變，也沒有轉動的影兒。」（雅各書一章 17 節）從這裡看見，神是一位充滿愛的神，並且神的屬性是永恆不變的，神是真善美的源頭，這就是祂的屬性與本質。有時候我們的生命遭遇一些挫折跟傷害，很容易讓我們對神的良善和慈愛失去信任；有時候我們無法理解為什麼會遇到這樣的事情，沒有辦法感受到神的同在跟神的愛。我要鼓勵所有人，就算你在這樣子的處境裡面，要起來信任神的屬性！當你願意完全信任神的屬性，你的信心將會更加剛強起來！

三、信心要付出實際行動

聖經講到信心的外在表達至少有兩個部分：首先，信心要宣告出來，如果你真的相信神放在你心裡面的感動、話語跟應許，你要把它宣告出來。當我們帶著信心宣告神的話語，就能跟神的能力接軌！除了話語很重要之外，行動也非常重要，你裡面雖然相信，可是你要有外在實際的行動，才能夠傳達出你真正的信心。

「相信」跟「信心」兩者之間有些相異之處，信心（faith）比相信（belief）更具超越性。舉個例子來說，看完雜技團表演騎自行車安全通過山谷間的鋼索之後，表演者聲稱能夠再表演一次，問大家相信不相信？大家都說：「非常相信（belief）！」既然大家都相信，表演者就邀請志願的人來當他的乘客，卻沒有人敢上去，因為大家沒有信心（faith）。因此，信心不只是相信，更有一種將自己全然交託、順服倚靠的涵義在內。當我們勇敢地去行出所相信的，就不只是頭腦相信而已，而是真實有信心了。

我要鼓勵所有人，鍛鍊你的信心，勇敢起來相信！因為，信心的根基是神的話，當你對神的屬性有完全的信任，並且開始照著你所知道的一點一滴去行，有一天信心會在你裡面漸漸強大起來。希望每個人都可以經歷這樣子信心的祝福，帶來重大的創新跟突破！

@本文出自旌旗教會主日信息【創新 2019—勇敢去相信】

讓蕭牧師為你禱告

　　有些人，你現在面臨人生極大困境跟艱難，你很想跳脫，或者逃到一個很遙遠、沒有人認識你的地方，藉此脫離現今面臨的壓力跟困境。我領受神有安慰的話要臨到你身上，神說：「祂是滿有憐憫、滿有恩典的神，祂不輕易地發怒，對你有豐盛的慈愛與信實，並呼召你投入祂的懷抱中，來倚靠祂。」若你曾經犯下一些過錯，向神悔改認罪，神必要寬恕原諒你，祂要用這份慈愛跟憐憫，還有豐滿的恩典來對待你，眼前的痛苦跟危難，未來將成為你人生一個極大的祝福。

　　若你面對這個世界許多的思潮與論述，常有很多的困惑跟為難。我相信神要鼓勵你，選擇用信心的眼光來看見神永恆的真理與價值。雖然你這樣子做，很難被理解，甚至會被孤立。但是，神要跟你說，祂要應許給你改變這世界的力量，因為神要讓你看見一個更新的眼光，看見神所為你預備榮耀的產業。

　　或者你會在一個時間裡面，經歷到神有一個呼召臨到你身上，為你開一扇門。然後，神說：「去！」那個時候，你要很勇敢地憑信心而去，去做神要你做的事情。當你願意這樣子做的時候，亞伯拉罕的祝福要從你的身上爆發開來！

　　阿爸父神，我奉祢的名來祝福每位弟兄姊妹，讓我們可以領受祢更新的恩典，更新的憐憫，更新的慈愛！

　　宣告禱告是奉耶穌基督的名求，阿們。

跟主耶穌 說說話

來到主的面前,向祂傾訴得著安慰;
抓住神的應許,向祂祈禱使你有力量!

看完這篇信息,是否觸動你想到最近生命處境中的哪一件事,會讓你想要更信任神、來經歷祂的幫助?

相信神的話語、信任神的屬性、付出信心的行動,這些將幫助你成為更勇敢的自己,其中有哪個部分,是你想要求神讓你更有力量做到的?

相信神的話，
必經歷神蹟

神用話語創造了人類及宇宙萬物，如果想經歷神蹟、經歷神的大能，就必須根據神的話語。聖經是歷世歷代許多神的僕人，在聖靈的感動下撰寫收集神話語而成的，是一本充滿祝福的書！聖經應許凡相信的人，必要得著安慰、力量、盼望、智慧、喜樂、能力，與生命的意義。

聖經自出版至今，累計發行量超過四十億本。目前全世界仍以每年銷售三千萬本的速度不斷遞增，世界上沒有任何一種文獻的銷售量能夠跟聖經相比。至今，聖經已經翻譯成三千多種語言，就算是一些很小的族群或部落當中，大都有專門的人在翻譯聖經。

從歷史上及普及性來看，聖經是世界上最有影響力的一本書！聖經已經超過兩千年的歷史，這些神的話語深深地影響世界上所有的人類。當你擁有一本聖經，不代表你能夠得到聖經中所有的祝福。很多人只是把聖經買來擺在書架上蒙塵，這樣子的話，聖經對你來說，並沒有太大的意義。那麼，我們該如何面對神的話？

如何經歷
真實的神蹟

1 認識神話語的大能

聖經的第一卷書「創世記」開宗明義在第一章寫著：「神說：要有光，就有了光。」（創世記一章3節）聖經很清楚地告訴我們，神用祂的話語創造宇宙萬物。新約聖經希伯來書有一句話這麼說：「我們因著信，就知道諸世界是藉神話造成的；這樣，所看見的，並不是從顯然之物造出來的。」（希伯來書十一章3節）這裡說到，那看得見的是從那看不見的造出來的。我們大部分的時間都在追求那些看得見、摸得到、嚐得到的事物，至於看不到的因為太抽象、太遙遠，所以我們不會花時間去追求它。聖經告訴我們，神的話雖然看不見，但是神卻透過話語創造萬物。當我們願意用一個對的態度來看待神的話語，神的話語就能在我們生命中帶出創造的能力！

如何讓神蹟發生在你的生命中？神的話大有能力！當我們願意按照神的話，去操作我們的人生，神就會按照祂所說的話，成就在我們的生命當中！一開始世界沒有光，神說要有光，光就出現了。神的話語帶有創造的能力，我們的神就是這樣一位創造的神！你的生命當中缺少什麼？缺少愛？缺少快樂？缺少生命的意義感？你希不希望神把你所缺憾的，

創造在你生命中？神可以！因為神的話語大有能力！

聖經中記載，有個父親帶著一個生重病的孩子來求耶穌醫治。然後，耶穌對他說：「你若能信，在信的人，凡事都能。」（馬可福音九章23節）父親對耶穌說：「我的信心很小，請祢幫助我。」這個父親也許信心不大，但是他願意試著來相信耶穌。耶穌的話帶著極大的能力，當下立刻醫治了他的孩子。我不知道你的生命中缺少什麼？但是，你所缺那個部分，你所沒有的東西，神可以創造它，因為神的話語帶著創造的能力！

神的話不僅帶著創造的能力，並且永遠不會改變！耶穌說：「天地要廢去，我的話卻不能廢去。」（馬可福音十三章31節）有一天，一切有形的物質都要消失。今天科學家告訴我們，地球的壽命大概是五十億年，五十億年雖然很漫長，但是五十億年也不是永恆，五十億年跟永恆比起來是如此短暫。無論如何，有一天地球還是會毀滅。天地要廢去，但是神的話一點也不會廢去！神的話是大有能力、永遠長存的。

從聖經來看，
神的話為我們帶來四種影響與祝福

一、我可以認識神、愛神，享受與神、與人美好的關係

整本聖經告訴我們一個重要的核心就是「愛」！愛從哪裡來？愛從神而來！耶穌說，最大的誡命就是要盡心、盡性、

盡意、盡力愛主你的神！關係是人生中最重要的一件事情，關係才是終極目的，愛才是終極目的。當你明白神的話，把神的話當作生命的糧食，以神的話來運作自己的人生，就能享受美好的關係。

二、我可以領受神生命的本質，使我能夠活出聖潔的生活

有些事情，你明明知道不能做，不能陷入其中，做下去身體會搞壞，關係會被破壞，甚至整個家庭會崩潰瓦解。有時候，你覺得好像有一股力量逼著你去做一些不好的事情，這就是一種罪的權勢。但是，聖經告訴我們，當我們信耶穌的時候，神會把祂聖潔的能力給我們，使我們可以靠著主過一個聖潔的生活。

三、我可以領受豐盛的應許，今世得百倍、來世得永生

豐盛的人生並不是成為億萬富翁，或者所有事情都一帆風順，不會遇到困難挫折，而是我的存在可以經歷神蹟，可以發揮永恆的價值，這是神給我們的應許。

四、成全神在我生命中的命定，領受神所預備的永恆產業

我們受造的目的是為了有一天在永恆裡面，領受神給我們一個非常重要的產業跟位份，關鍵在於我們活在世上的年日，有沒有認真認識神，活出神給我們的命定，而不是依然過自己的日子，享受自己的人生，這樣到最後，不一定會很享受，反而是被空虛充滿。

　　聖經上說：「神的應許，不論有多少，在基督都是是的。所以藉著他也都是實在的，叫神因我們得榮耀。」（哥林多後書一章 20 節）神的應許就是神的話語，不管有多少都是真實的、是大有能力的、是永遠長存的，並且會打開我們心靈的眼界。當我們願意相信並接受神的話語和應許，我們的生命就可以榮耀神，而且我們的信心也能從神的話語得著堅立。聖經上說：「可見信道是從聽道來的，聽道是從基督的話來的。」（羅馬書十章 17 節）有時候，你覺得自己沒有信心、沒有力量，這時候你要做一件事情，就是聽神的道、讀神的道。因為信心是從神的道所建立起來的，所以你要參加主日、參加小組、接受裝備，並且常常靈修親近神。當你聽見神的道，你的信心就會越剛強。

　　我人生背起來的第一處聖經節，就是：「應當一無掛慮，只要凡事藉著禱告、祈求，和感謝，將你們所要的告訴神。神所賜、出人意外的平安必在基督耶穌裡保守你們的心懷意念。」（腓立比書四章 6-7 節）。建立教會之後，也曾遇到很多的壓力跟困難，這處聖經節一直環繞在我的腦海裡面，成為我隨時的幫助。當我們願意一無掛慮，凡事藉著禱告、祈求和感謝，把我們心裡面所要的告訴神，神就會掌權在我們生命中，最後把一個更好的結果給我們，這就是神話語最有能力的地方！

2 用心領受神的話語

雅各用一個圖像來形容：「*存溫柔的心領受那所栽種的道……*」（雅各書一章 21 節）當中「領受」這兩個字在希臘文裡面是「表明、歡迎」的意思，當你聽見神的話的時候，要歡迎神的話進到心中來。「栽種」其實是一種農耕的概念，神的道就像種子一樣，問題是要栽種在什麼樣的土壤裡面。耶穌曾經做一個比喻，一個人出去撒種的時候，種子落在四種不同的土壤。一個是落在路邊立刻被鳥啄走；一個落在石頭地上土很淺，太陽一曬就乾掉了；另外一個是落在荊棘地裡面，雖然有長起來，但是雜草叢生卻把它給卡住了；最後一個是落在好土裡面，就長出三十倍、六十倍、一百倍。神的道落在不同的心田裡，就會產生不同的結果。

─[雅各告訴我們四個重要原則來領受神的道]─

一、要專注

「*你們各人要快快的聽，慢慢的說……*」（雅各書一章 19 節）專注聆聽神的話語很重要！我們受造有兩個耳朵一個嘴巴，所以聽要勝於講至少兩倍以上，並且要很專注地聽。藉著參加主日聚會或小組聚會，可以幫助我們聆聽神的道。

二、要冷靜

「慢慢的動怒……」（雅各書一章 19 節）如果你心中有很多的擔憂、難過、苦毒或受傷，你就很難聽見神的道。你要讓自己的心情平靜下來，預備自己的心來領受神的道。透過敬拜能夠幫助我們放下自己，讓我們的心可以平靜專心地來聆聽神的話語。

三、要潔淨

「所以你們要脫去一切的污穢和盈餘的邪惡……」（雅各書一章 21 節）如果你有一些沒有辦法放下的罪、不好的習慣或偏執的意識形態，這些都會攔阻你聽見神的道。只要你跟神認罪禱告，神就會幫助你，讓你的心可以預備好承受神的道。

四、要柔軟

「存溫柔的心領受那所栽種的道……」（雅各書一章 21 節）很多人堅持自己既定的想法，如果你抱持這樣的心態，那麼神的道不可能進到你的心裡面。只要你跟神禱告，願意敞開自己的心，承認自己還有成長的空間，讓神在你的生命當中動工，這樣你就能領受神的道，使神的道在你裡面帶來改變。

3 活在神的話語之中

很多人聽見神的道，但是沒有去遵行，就好像一個人出門前雖然照了鏡子，不管身上服裝有沒有整齊或臉上有沒有髒污，還是出門了，這樣子照鏡子其實沒有什麼用處。當你聆聽領受神的道之後，你願不願意讓神的道來改變你的生命，並且真實地按照神的話去做。熟悉神的道當然很好，更重要的是，我們有沒有遵行神的道？因為，神的道會真實反映我們內心的動機，使我們沒有辦法在神面前偽裝。

聖經上說：「神的道是活潑的，是有功效的，比一切兩刃的劍更快，甚至魂與靈，骨節與骨髓，都能刺入、剖開，連心中的思念和主意都能辨明。」（希伯來書四章 12 節）有時候，聖靈會藉著靈修的經文或牧師的講道，處理你生命中某一件事情，或某一句聖經節對你現在的處境，會產生特殊的意義。只要你相信並遵行神的話，就可以把神話語的能力帶入你的生命當中，神要使你的生命經歷神蹟！

我要鼓勵所有人，把你所知道的先行出來！想要經歷神蹟，最簡單的，就從委身教會生活開始！因為聖經說，不可以停止聚會。接著，你也要願意接受裝備，在至聖的真道上面造就自己，更多認識神的道。除此之外，當你願意饒恕別人、關懷需要幫助的人，神的道就會開始在你生命當中發生功效，你就必要經歷神蹟！

@本文出自旗教會主日信息【經歷神蹟的關鍵─相信神的話語】

讓蕭牧師為你禱告

可能你目前正經歷一個生命重大的挫折或艱難，這個時候是你壓力最大、最困難的時候。有時候你都覺得自己好像快要走不下去了。聖靈要給你一句話：「應當一無掛慮，只要凡事藉著禱告、祈求，和感謝，將你們所要的告訴神。神所賜出人意外的平安，必在基督耶穌裡，保守你們的心懷意念。」（腓立比書四章6-7節）我要鼓勵你，不要倚靠自己的聰明和籌算，專注地倚靠神，把你的挫折和困難藉著禱告、祈求和感謝來告訴神，按照神的話語來行事，你將會看見神動工在你的生命中。

我領受到一個圖像，你好像被一團黑雲籠罩住，看不清楚前面的道路跟方向。有一句神的話要給你：「但義人的路好像黎明的光，越照越明，直到日午。」（箴言四章18節）當你願意相信神的話，起來倚靠神的時候，有一天你要起來作見證，分享神如何帶領你走過這段最不容易、最挫折、最艱難的日子，使你的人生來到一個最光明的處境。

或是有人，過去你對神的話不置可否，有時候聽過就忘了。但是，看見這篇信息之後，你心裡面做了一個決定，既然神的話這麼有能力，我要用心來領受，也要起來遵行神的話。我覺得，聖靈好喜悅你心裡面做的這個決定。有一句神的話要給你：「因為你們立志行事都是神在你們心裡運行，為要成就他的美意。」（腓立比書二章13節）只要你願意立志這樣子做，並且持續這樣子行，神必要幫助你，讓你的生命經歷許多的神蹟奇事！

還有人，你過去對神的話語存有質疑，心中常常有很多的問題，憑什麼聖經才是神的話語？憑什麼聖經才是真理跟價值的標準？我覺得聖靈要提醒你思考一個問題：你滿足目前生命的狀態嗎？照你所認定的價

值和信念，內心有滿足的喜樂嗎？如果你不太確定，你要不要試著相信神的話語？因為，聖經有句話這麼說：「你必將生命的道路指示我。在你面前有滿足的喜樂；在你右手中有永遠的福樂。」(詩篇十六篇11節) 當你願意相信神的話，並照著神的話來操作自己的人生，你必然得福，必要經歷神蹟！

　　阿爸父神，我奉你的名來宣告祝福每位弟兄姊妹，求主幫助我們的生命可以相信並遵行神的道，讓我們可以經歷祢的神蹟。

　　禱告是奉耶穌基督的名求，阿們。

跟主耶穌
說說話

**來到主的面前，向祂傾訴得著安慰；
抓住神的應許，向祂祈禱使你有力量！**

你正面對生命的難題而感到茫然無助嗎？來跟神說，你渴望在哪一個部分，神話語的力量可以給予你方向？

神答應過：祂的話語會成為你的力量，在領受與學習神的話語上，你感覺有困難嗎？可以真誠地跟神禱告，求神幫助你突破。

盼望等候神，
必經歷神蹟

作為父母，都希望孩子要長大成熟，不光是身體長大，心智也要成熟。父母要怎麼分辨孩子變得成熟？就是當孩子懂得站在父母立場著想的時候。神讓我們生在家庭中，也是為了讓我們從中體會上帝的心意。父母況且不能夠百依百順回應孩子一切所求，愛我們的天父，也允許我們有一段忍耐、等候、盼望的過程。如果我們的生命要經歷神蹟，一定要學習這重要的課題。

每個人都很希望能夠遇見神、經歷神蹟。我認為，盼望跟等候神是經歷神蹟一個非常關鍵且重要的學習。聖經說：「如今常存的有信、有望、有愛這三樣，其中最大的是愛。」（哥林多前書十三章 13 節）當然最大的是「愛」，但是第二個不要忘記是「盼望」。如果父母因為怕孩子生氣，就無條件答應孩子所要求的東西，你想想看，這樣的父母會養出什麼樣子的孩子？可能會養出任性且沒有辦法忍受挫折的孩子。如果父母真的愛孩子，不可能孩子要求什麼，立刻就滿足孩子的需要。愛我們的天父也是一樣，祂的目標不是要滿足我們的需要，而是要我們長大成熟，滿有基督長成的身量。

如何盼望
等候神

1 如果想要經歷神蹟，需要操練在盼望中等候神

一個航海的水手，如果從來都沒有遇過風浪，今天有一個巨浪在他面前，船顛簸得非常厲害的時候，這個水手一定非常恐懼，不知道該怎麼辦。這時候，他要去跟隨老練的水手，知道如何來處理風浪，讓船能夠駕得很平穩。一個老練的水手必須經過風浪的磨練。如果我們要成為一個成熟的人，我們的信心也需要經過磨練。聖經上說：「我的弟兄們，你們落在百般試煉中，都要以為大喜樂；因為知道你們的信心經過試驗，就生忍耐。但忍耐也當成功，使你們成全、完備，毫無缺欠。」（雅各書一章 2-4 節）我們的生命有時會經歷一些等候的過程，神要我們在這個過程當中能夠忍耐到底，信心得到熬煉，最後我們的生命能夠成全、完備、毫無缺欠，這才是神的目標。

〔神運作萬事有祂的時候〕

為什麼神要我們等候祂？因為神運作萬事有祂的時候。如果植物在錯誤的季節生長，果子是長不好的，甚至結不出

果子。當季節成熟的時候,這棵植物就結滿果子,並且結實纍纍。神在你生命當中動工也是有季節的。有些季節你要等候、忍耐、盼望神,當季節成熟的時候,就能看到你所盼望的成就跟實現。所以,聖經上說:「凡事都有定期,天下萬務都有定時。生有時,死有時;栽種有時,拔出所栽種的也有時;」(傳道書三章 1-2 節)有些時候,神不是不回應你的禱告,而是神在萬事運作當中,有祂的時候、有祂的季節。

藉著等候的過程,神要調整我們的焦點。我們要以神為第一優先,沒有任何事物可以大過神。當你真正愛神、敬畏神的時候,神會把祂認為對你最好的東西給你。當你在禱告一件事情的時候,不要失焦,要放下心中一切的偶像來倚靠神,不要讓工作成為你的偶像,不要讓婚姻成為你的偶像,不要讓醫治成為你的偶像,不要讓偉大的人生異象成為你的偶像,而是讓上帝成為你生命中唯一的神。如果我們在等待的過程有這樣的狀態,神會調整我們、幫助我們,讓我們的眼光重新對準神,要相信神給我們的,比我們自己認定的更好!如同聖經上說:「耶和華說:我的意念非同你們的意念;我的道路非同你們的道路。天怎樣高過地,照樣,我的道路高過你們的道路;我的意念高過你們的意念。」(以賽亞書五十五章 8-9 節)

等候中神要修剪我們的生命

神為什麼要讓我們等候?簡單來說,神為了要修剪我們的生命!我們沒有一個人是完美的,我們在上帝面前都還有

很大的成長空間。所以，當我們在跟神禱告、互動或跟神求
一個應許的時候，神會透過這個過程，來幫助我們的心可以
越來越認識祂。也許，我們的焦點錯誤、優先次序錯誤、動
機不夠純正，神會修剪我們的生命。我同意，被修剪絕對不
舒服，但是，耶穌說：「凡屬我不結果子的枝子，他就剪去；
凡結果子的，他就修理乾淨，使枝子結果子更多。」（約翰
福音十五章 2 節）

也許，你有一顆願意的心，而且在你的生命中已經結出
一些美好的果子。但是，你總覺得好像不夠，好像有一些東
西卡住。神把你放在一種等候忍耐的過程，為要修剪你的生
命，好讓你更多認識神。當我們所等候、盼望的事情成就的
時候，我們的生命同時長大成熟、蒙受祝福。對神來說，不
是那件事情得到解決而已，更重要的是，我們的生命也跟著
成長。

2

等候的正確態度：
持守信心與忍耐、並繼續愛神

此外，等候的態度也很重要，如果在等候的過程中不斷
怨天尤人，恐怕要等得更久。什麼樣子的態度很重要呢！

聖經上說：「我們靠著聖靈，憑著信心，等候所盼望的
義。」（加拉太書五章 5 節）如果你曾經失去信心，我再次

鼓勵你，提起你的信心，再一次倚靠神，而且學習在這個過程中倚靠聖靈。有些人會說：「我就是沒有感覺，感受不到聖靈。」

C.S. 路易斯曾說過一段話：「如果你要把自己沾濕，你就要靠近水泉的旁邊；如果你希望被聖靈感動，你要靠近有聖靈運行的地方。」耶穌說：「因為無論在哪裡，有兩三個人奉我的名聚會，那裡就有我在他們中間。」（馬太福音十八章 20 節）神要我們不停止聚會，所以參加主日跟小組都很重要，因為這當中會有聖靈恩膏運行。你想被聖靈觸摸嗎？去到有神同在的地方，那麼你的信心就能再一次被挑望。

除了持守信心之外，忍耐也很重要。聖經上說：「我曾耐性等候耶和華；他垂聽我的呼求。」（詩篇四十篇 1 節）神應許亞伯拉罕要得著一個兒子，等了二十幾年都沒有。亞伯拉罕因為等不及，靠著自己的聰明娶了一個妾，從妾生了以實瑪利。後來，神再次向亞伯拉罕顯現，他在神面前悔改並相信神的應許，神就讓他在一百歲那一年生出應許之子—以撒。如果你曾經失去耐心，還是可以再次重拾你的忍耐，因為忍耐到底的，神必要幫助他。

還有一件事情，你要繼續愛神！聖經上說：「耶和華喜愛敬畏他和盼望他慈愛的人。」（詩篇一百四十七篇 11 節）意思就是說，在你人生最黑暗、低潮、無助的時候，你仍然相信神愛你，對神沒有失去盼望，仍然願意等候神。那一刻，地獄的權勢將崩潰瓦解，神會得著最大的榮耀！

　　為什麼神要把我們放在痛苦的過程中？聖經上有一句話：
「他必坐下如煉淨銀子的，必潔淨利未人，熬煉他們像金
銀一樣；他們就憑公義獻供物給耶和華。」（瑪拉基書三章
3 節）神有時候熬煉我們，就像煉銀子一樣，要把銀子裡面
的雜質，煉到乾乾淨淨。為什麼神要這樣做？除了要幫助我
們成長之外，還有一個很重要的原因就是，神要熬煉、鍛鍊
我們，使我們可以承受更大的祝福。

3 在盼望中等候神，必得著所應許的：重新得力、承受地土

　　聖經上說：「但那等候耶和華的，必重新得力。他們必
如鷹展翅上騰，他們奔跑卻不困倦，行走卻不疲乏。」（以
賽亞書四十章 31 節）聖經應許我們等候耶和華的，必要重
新得力。有些人等候另一半趕快出現、公司提升職位、疾病
得著醫治，如果你等候的是神以外的東西，你會感到疲累、
失望。這裡沒有說「等候耶和華祝福的」，而是「等候耶和華
的」，意思是說，我們要等候是神的本身，而不是神的祝福或
自己的目標。

　　舉個例子來說，父母送孩子一個生日禮物，孩子好高興。
當孩子很高興的時候，我們作父母的，當然也很高興。可是，
如果孩子是因為得到禮物而高興，卻忘記給他禮物的是父母，
你覺得作父母的會覺得很快樂嗎？我想不會。父母更期待的

是，禮物只是個媒介，為要讓孩子了解爸爸媽媽多麼愛你。我們的神也是一樣，如果你願意單單等候神、仰望神，那麼你就會不斷重新得力。因為在等候的過程中，神會教你很多功課，修剪你的生命，讓你重新聚焦，讓你看見還有更好的。如果你可以不斷學習成長，你的等候就沒有浪費，而且你會發現自己越來越剛強成熟，跟以前不一樣了。

聖經上說：「……惟有等候耶和華的必承受地土。」（詩篇三十七篇 9 節）、「溫柔的人有福了！因為他們必承受地土。」（馬太福音五章 5 節）

照聖經所說，溫柔的人必承受地土。那麼，「承受地土」到底是什麼意思？聖經中的摩西雖然帶領以色列人出埃及，最終他的腳並沒有踏入應許之地。摩西真正承受的地土是，他完成了受造的目的，把以色列人從埃及地救出來，頒布律法書，讓以色列人知道怎麼敬畏神，跟神之間建立一個美好的關係。對摩西來講，他真正的承受地土是完成神創造他終極的目的。當耶穌要被釘十字架之前，耶穌到變像山上，摩西代表舊約律法的總負責人在變像山上跟耶穌對話。摩西有他的歷史定位、有他永恆的定位無法動撼，因為他得到他的地土。

其實，地土就是上帝預定要給你的產業，不僅在今生，更是在來世！那麼，耶穌承受什麼地土？耶穌承受的地土就是：祂完成了神永恆的救恩計畫，得著億億萬萬失喪的靈魂，使他們得著永生。

在盼望中等候神必經歷神蹟

聖經上說：「這些人都是存著信心死的，並沒有得著所應許的；卻從遠處望見，且歡喜迎接，又承認自己在世上是客旅，是寄居的。」（希伯來書十一章13節）聖經上有一些人他們並沒有在地上得著他們所應許的。嚴格講起來，摩西並沒有看見，因為摩西的目標就是要進入迦南美地，但是摩西並沒有進入就被接走了。坦白來講，耶穌也沒有看見，祂在地上的日子，並沒有看到福音傳遍地極就升天了。從人來看，他們並沒有得著他們的地土。但是，從永恆來看，他們得著了！

也許，你有一個盼望在心裡面，有一個等候在心裡面。有可能你活著還沒有看到它實現。很多事情都不是立刻就可以看到，我們都會經歷一段等候的過程。在這個過程當中，為要鍛鍊我們在盼望中等候神。神不斷在修剪我們的生命，使我們更加長大成熟，讓我們的生命有好的態度和品格，這樣子我們才能夠承受神最後要給我們最榮耀的產業，使我們存在的意義跟目的能夠發揮到最大值。當我們願意在盼望中等候神，必能經歷神蹟！

@本文出自旌旗教會主日信息【經歷神蹟的關鍵－盼望並等候神】

讓蕭牧師為你禱告

　　有些人，你正在等候神來成就你的禱告，你為這件事或者這個需要常常在等候禱告。但是，神說，祂常常聽見的好像不是你的禱告，而是你的抱怨。神沒有要責備你，祂沒有忘記你的請求，祂要鼓勵你，用讚美來代替抱怨、用感恩來代替憂慮。時候到了，你必看見神榮耀的作為。

　　或者你可能已經放棄了對神的盼望跟等候，有時候你覺得靠神不如靠自己比較有效。我看到一個圖像，有一個孩子在那地方扭來扭去，好像在耍脾氣，父親在一旁安撫他。原來這個孩子的腳被一根刺刺到了，父親試著讓孩子安靜下來，因為如果孩子不靜下來，就沒有辦法把那根刺拔掉。後來，這個父親知道沒有辦法，再怎麼勸服都沒用，就讓孩子吵到累了安靜下來之後，再把腳上的那根刺拔出來。也許，你裡面有很多的創傷，有很多的不舒服，除非你安靜下來，否則神很難動工來醫治你。

　　我領受神特別要鼓勵你、稱讚你，因為你不斷地在成長，也不斷地做出選擇來跟隨神的引導，只是你還沒有看見你所盼望等候的實現，你好像還沒有看到那個突破產生。但是，我領受神要來稱讚你，因為你使祂的名在神的國度當中已經得著稱讚跟榮耀。

　　聖經中提到約伯，是在很痛苦艱難的等候當中，選擇一個對的態度來回應神，那一刻約伯在神的國度裡面，使神得著榮耀。神要對你說：「我的孩子，你已經用你的態度，讓我的名字得著榮耀，有一天在永恆的天家，你將得著我為你預備的獎賞！」

　　阿爸父神，我奉你的名來宣告祝福每位弟兄姊妹，求你打開我們的心眼，讓我們跳脫這個世界的眼光，從永恆的眼光來看我們在世上的日

子。祢非常地愛我們，求祢教導我們、鍛鍊我們，讓我們可以學會在盼望當中來等候祢。

禱告是奉耶穌基督的名求，阿們。

跟主耶穌說說話

來到主的面前，向祂傾訴得著安慰；
抓住神的應許，向祂祈禱使你有力量！

當你面對未來的時候，你最常為什麼樣的事情擔憂呢？
把這些事跟主說，祂有能力而且樂意幫你承擔。

想要經歷神蹟，常需要經過等候的過程，等候對你來說
容易嗎？如果你也時有掙扎，來跟主禱告，相信祂要給
你等候的力量。

仰望神的啟示
更新眼光

轉眼仰望神的法則，
將從自己的舊思維被釋放，恢復核心身分，
看見我們受造的目的、活出自由人生。

看見，
我存在的寶貴目的

　　「我從哪裡來？我存在的目的是什麼？」這世界存在很多宗教信仰、價值觀、世界觀，對於人類本質有不同的看法、觀點和論述。按照聖經所述，有一位偉大全能的神創造宇宙萬物，我們也是按著祂的形象所造的人類。如果我們是按著神的形象所造而存在這世界上，那麼我們存在的目的是什麼？其實，跟這位創造你、愛你的神，有很大的關係！

　　2017 年美國上映一部電影《重審耶穌》(The Case for Christ)，是由真實事件所改編的。在 1980 年代的時候，有一位芝加哥論壇報的記者，他在工作上表現非常優秀傑出，也有一個幸福美滿的家庭，直到發生一件事，改變了這個家庭，也改變他的一生，那件事就是他的妻子信了耶穌！對於無神論的他來說，實在很難接受，覺得耶穌介入他們夫妻之間的關係，讓他陷入很深的挫折，甚至想要離婚。有一位基督徒同事對他說：「如果你有辦法證明基督教是假的，證明耶穌基督從死裡復活是虛構的，那麼就可以挽回你的妻子！」於是，他用記者的專業能力開始調查這件事，也採訪了許多學者。

眾多證據證明耶穌基督從死裡復活

　　一開始，他去找一位考古學家，詢問：「聖經是真的，還是人杜撰的？」根據文獻鑑定，新約聖經一共有 5,843 個抄本，其中約翰福音最早的抄本來自第二世紀，距離原稿少於 30 年。若把新約聖經現存的抄本疊起來超過 1,600 公尺，比一座山還高。把這些抄本互相對照、彼此印證，可以確認新約聖經原稿是準確無誤的。

　　接著，他又去找一位學者。根據聖經記載，耶穌基督從死裡復活這件事，第一個看見是猶太人的婦女。那個時代猶太人婦女的社會地位較低，如果這件事情是虛構的，直接寫男人看見就好，可信度比較高，為何要寫女人看見呢？聖經中記載著女人看見，表示這件事情是真的，因為它不能違背事實。

　　後來，他再去問一位醫生。如果聖經抄本記載是真實的，耶穌的死亡是確定的。當兵丁拿槍刺入耶穌的肋旁，隨即噴出血跟水，表示耶穌的肺部積水已經沒辦法呼吸了，耶穌沒有力氣再次挺起身體呼吸，最後窒息而死。從醫學角度證明聖經記載耶穌的死亡是真實的。

　　根據種種調查發現，他花了許多時間心力，找出這麼多的證據，全都指向耶穌真的從死裡復活。最後，他願意承認這個事實並接受基督信仰，從此改變他的一生。後來，這位記者也成為一位牧師。知名的基督徒作家 C.S. 路易斯說過一句話：「如果基督教是假的，那對誰都無關重要；但如果基督

教是真的，那全宇宙再沒有比這件事更加重要的了！」C.S.路易斯曾經也是一個無神論者，但當他深入研究古代文學及神話，發現兩千年前沒有一種文體像新約聖經四福音書一樣，是用敘述的方式記載同一件事跡。所以，他認為新約聖經絕對是歷史上真實的記載。最後，他承認耶穌是歷史上真實存在的人物，聖經記載的內容都是真實發生的事情。當他接受並信靠耶穌基督的時候，生命開始有了不一樣的改變！

我們存在的
目的是什麼

1 根據聖經，我的存在
已被賦予一個美善的旨意與目的

　　有很多人不願意接受基督信仰，不是因為證明它是錯的，而是不想改變自己的生活方式，也不想改變自己的價值觀！從聖經來看，神愛世上每一個人，差他的獨生愛子耶穌基督來到這世界上，為我們的罪死在十字架上，為了要挽回我們！

　　很多人以為，有錢才會滿足，完成人生夢想才會快樂。其實，你錯了！你不是自己的創造者，只有神知道什麼才能讓你快樂和滿足！聖經上說：「不要效法這個世界，只要心

意更新而變化，叫你們察驗何為神的善良、純全、可喜悅的旨意。」（羅馬書十二章 2 節）每個人都有責任去分辨、查驗、尋找神在我們身上最美善的旨意，不要隨意跟著世界的潮流走。

另一處聖經說：「我們原是他的工作，在基督耶穌裡造成的，為要叫我們行善，就是神所預備叫我們行的。」（以弗所書二章 10 節）在你還未出生在這世上之前，神就為你預備一件美善的事要你去行了！當你願意往這個方向走的時候，神的旨意就能成就在你身上！

如何明白神對我的旨意

一、藉著神的話，我可以明白神普遍性的旨意

耶穌說：「你要盡心、盡性、盡意愛主——你的神。這是誡命中的第一，且是最大的。其次也相倣，就是要愛人如己。這兩條誡命是律法和先知一切道理的總綱。」（馬太福音二十二章 37-40 節）神給每個人活在世界上最普遍的旨意，就是盡你一切所能的來愛神！除了學習愛神，與神建立親密的關係之外，也要學習愛那些神放在你關係圈中的人，愛他們如同愛自己一樣。

當然，聖經中還有其他的教導：「聖經都是神所默示的，於教訓、督責、使人歸正、教導人學義都是有益的，叫屬神的人得以完全，預備行各樣的善事。」（提摩太後書三章

16-17 節）當你願意遵行愛神愛人的命令，也願意按照聖經中的教導，過一個正確的生活方式，你已經百分之八十完成神在你生命中的旨意與目的了！剩下百分之二十，就是神對你個別性的引導和帶領。

神在我們生命中的旨意與目的分成兩個：一個是普遍性的，每一個人都應該遵行的旨意，也是神給每個人活在這世界上的目的。另一個是個別性的，對每一個人的帶領都不一樣，只要你願意遵行並活出神的話，就能去做神要你做的事。神給我們這些生活原則，並不是規定或法條，不是為了要限制我們，而是要避免我們的生命陷入捆綁和破口之中。

舊約有一個士師叫做參孫，他擁有很強大的力量，身上帶著一個使命，為要拯救以色列人脫離非利士人的捆鎖跟奴役。所以，神興起他成為一位大能的勇士。但是，他唯一的問題就是被情慾綑綁、被色慾迷惑，最後他把擁有強大力量的祕密告訴一位女人。敵方得知後，把他抓起來，理光他的頭髮，挖掉他的眼睛，把他關入獄中。

當參孫的頭髮慢慢長起來之後，他跟神禱告，求神赦免他淫亂的罪，再給他一次機會來拯救以色列人。最後，他用盡身上一切的力量推倒競技場的柱子，擊殺了許多仇敵，自己也在那當中一起同歸於盡。其實真的很可惜，參孫原本是一個很有力量，能夠讓神的名得榮耀的人，但是他的生命出現破口，這些破口使他沒有辦法有效地完成神的旨意。因此，神設立這些生活原則，為要使我們的生命能夠醞釀一個強大的力量來榮耀神，完成神在你我身上的目的和旨意！

二、藉著神的靈，我可以活出神個別性的旨意

當你願意遵行神普遍性的旨意時，藉著神的靈，我們就可以活出神個別性的旨意！神用祂的靈來引導我們，目的是叫我們可以跟隨耶穌。耶穌講過一句話：「我是世界的光。跟從我的，就不在黑暗裡走，必要得著生命的光。」（約翰福音八章 12 節）如果我們願意跟隨耶穌，我們的生命就要從黑暗變為光明，並且走進神給我們的命定！

耶穌知道自己的肉身不會永遠跟門徒在一起，所以祂在升天之前，對門徒說：「我要求父，父就另外賜給你們一位保惠師，叫他永遠與你們同在，就是真理的聖靈，乃世人不能接受的；因為不見他，也不認識他。你們卻認識他，因他常與你們同在，也要在你們裡面。」（約翰福音十四章 16-17 節）耶穌請求父神賜下真理的靈，住在我們裡面，與我們同在。另一處聖經這麼說：「因為凡被神的靈引導的，都是神的兒子。」（羅馬書八章 14 節）一個接受耶穌基督、信靠耶穌基督的人，有聖靈的內住與同在，聖靈會用祂的感動與平安，來引導我們遵行神的旨意。

世上的老闆交辦給你一個任務時，會用結果來評斷你的成敗。但是，天上的老闆不是這樣，祂給你一個任務時，重點不是你完成與否，而是在這個過程中，你有沒有繼續愛神、愛人，繼續活出神所指示你的生活方式。至於這個任務有沒有完成，對神來說並不是最重要的。

當神感動旌旗教會要差派出成千上萬的宣教士，足跡踏遍中國、亞洲、世界許多福音未得之地……。我知道，這個異象在我這一代是完成不了的，但是神讓華人的教會看見整個亞洲四、五十億人口當中，還有很多人未聽聞福音，當我們繼續往這個方向前進，相信有一天這些人都要聽見福音，得著上帝的愛！

2 捨己才能活出 神對你生命的旨意與計畫

當你願意活出神給你的人生目的，會遇到一個最大的挑戰是，神所指示的生活原則，跟我們自己裡面的慾望、想法、期待、價值，會有很多的衝突。這時候，你要學習捨己，願意放下自己的意志，來尋求並遵行神的旨意。

耶穌成為我們最好的典範！耶穌是第一個捨棄自己的生命，得著神復活榮耀生命的人。祂給我們一個很重要的圖像：「我實實在在的告訴你們，一粒麥子不落在地裡死了，仍舊是一粒，若是死了，就結出許多子粒來。愛惜自己生命的，就失喪生命；在這世上恨惡自己生命的，就要保守生命到永生。」（約翰福音十二章 24-25 節）耶穌告訴我們要學習捨己的功課，放下自己對生命的堅持、期待跟看法，起來尋求神的旨意、遵行神的旨意。如果你緊緊握住自己想要的，最後就得著你所想要的，就好像是一粒麥子，如果你願

意放下自己想要的，讓這粒麥子掉到地面破裂，將會長出許多子粒來。如此繼續複製下去，從一粒麥子可以得著一片麥田！你願不願意放下自己？如果你願意，你將明白神的旨意，並且活出神創造你的目的！

在建立旌旗教會的時候，神給我一個啟示，旌旗教會將啟動一個新的世代。我靈裡面領受到，從二十一世紀一直到耶穌基督再來的日子，神要在地上興起一個族類，賺錢致富不是他們人生的目標，撼動人心的愛情不是他們追求的目的，放縱情慾的享受不是他們人生的目的，甚至個人的人生夢想，他們都願意捨下。然而，這一類人他們心中只有一個追求的目標，就是單單為神而活，認真地尋求神的旨意，活出神創造他們的終極目的！這一代人將改變全世界，把神的國度和榮耀帶下在這個地方。

聖經上說：「這世界和其上的情慾都要過去，惟獨遵行神旨意的，是永遠常存。」（約翰一書二章 17 節）當你像一粒麥子落在地裡死了，願意捨己來回應並活出神創造你的終極目的，看見千萬人的生命因你而蒙福，看見千萬家庭後代子孫因你而蒙福，這樣子的人生，才是最有意義和價值的人生！

@本文出自旌旗教會主日信息【大哉問─我存在的目的是什麼】

讓蕭牧師為你禱告

　　我覺得有一種人，你一直試圖在解決生活、關係及財務的問題，長久以來似乎很難突破。我覺得，神要跟你說，不要把焦點放在這些生活、關係及財務的問題上，這些只是表層的問題，關鍵在於你生命本質的問題。

　　我領受到一個圖像，有些人的生命好像凍土一樣，凍土底下其實有很多種子和養分，因為被凍住長不出任何東西。這個光景就像你一樣，你不是去解決那些表層的問題，而是要解決生命被凍住的問題。

　　你有很多自己的個性、信念、價值觀被凍住了，如果你願意讓神的愛跟聖靈的同在滋潤溫暖你的心，更多認識神、體驗神的愛、信任神的愛，當你的生命更多被神觸摸的時候，你的心會溫暖起來，然後你會看見關係上、財務上這些問題逐漸獲得解決。關鍵在於你願意放下自己，允許神的愛來滋潤你的心，將你生命中的凍土融化、百物生長，如此一來你的生命將大放異彩！

　　另外一種人，你一直很想知道神在你身上的旨意，還有人生的目的，也有一個渴慕神的心。我覺得，神要肯定你，神非常喜悅你的心和你的動機。你不要放棄、不要氣餒，繼續堅持下去，遵行神普遍性的旨意，照著神的話語和耶穌的教導去行。時候到了，你會被神帶入個別性的旨意當中。

　　還有人，你總是質疑耶穌的真實性，就像《重審耶穌》電影中的記者一樣。你真的想知道真相嗎？還是你很害怕面對真相？我覺得，聖靈鼓勵你，如果你願意不預設任何立場來尋求真相，真相將向你顯明！

　　阿爸父神，我奉祢的名來宣告祝福每位弟兄姊妹，讓我們的生命可

以真實地活出祢創造我們的終極目的。為了愛，祢差獨生愛子耶穌基督來到這世界上，為了挽回我們，不僅要把我們的靈魂救到永恆裡面，更要我們活在這世界上來遵行祢的旨意，活出祢創造我們的目的。求祢把這樣的恩典和祝福傾倒在我們當中！

　　禱告是奉耶穌基督的名求，阿們。

跟主耶穌 說說話

**來到主的面前，向祂傾訴得著安慰；
抓住神的應許，向祂祈禱使你有力量！**

這篇信息告訴你，你存在是有神設定好的寶貴目的，這與你原本對自己存在價值的看法一致嗎？如果不是，其中的落差是什麼？

知道神創造你的目的，將使你經歷最有滿足感的人生，若你渴望這樣的生命，來向神表達，你期待看見更多神為你設定的美好計畫。

看見，
放掉過去能得自由

　　很多人的人際關係不太好，有一個很重要的原因，就是他沒有辦法放掉過去生命中所發生的人或事，如果持續回應過去的事，緊抓住過去的傷痛，這樣子的人很難建立良好的人際關係。而透過聖經這本偉大的書，將讓我們明瞭如何跟神、跟人建立美好的關係。

　　聖經上提到，如果我們帶著太多過去沒有解決的問題，進入現在的關係中，就好像帶著垃圾搬到一個新家一樣。若我們帶著這三種情緒垃圾，會讓我們的生命停滯不前：

　　一、我們不斷溫習過去的憤怒，一次次地想到那些苦毒的事或傷害我們的人。

　　二、對於過去的初戀或過去所愛的人，或過去所想念的人、所關愛的人，當他離開你的時候，或失去跟他的關係之後，有時候會帶給人很深的遺憾跟傷痛，也可能會帶給我們很深的自憐。

　　三、我們被懊悔的事抓住，那些令我們感到愧疚、罪惡感的事。我們回憶著：「如果當初我沒有這麼做……就好了！」

從三方面了解
如何放掉過去

1 我必須放掉我的怨恨，
這是關乎別人加諸於我的傷害

聖經上說：「一切苦毒、惱恨、忿怒、嚷鬧、毀謗，並一切的惡毒，都當從你們中間除掉；並要以恩慈相待，存憐憫的心，彼此饒恕，正如神在基督裡饒恕了你們一樣。」（以弗所書四章 31-32 節）

「除掉」的意思是要消除它、刪除它、拋開它、放下它。人生難免會因為別人做錯事情而傷害了我們，使我們產生怨恨、委屈及不平的感覺。我要鼓勵你，放掉你的怨恨！因為「怨恨無用！」怨恨以前傷害過你的人，並不能改變過去已經發生的事；怨恨使你允許別人控制你的情緒，這樣子是不聰明的。你的怨恨無法使那個人生氣，只會使你自己更生氣；聖經上說：「你這惱怒將自己撕裂的，難道大地為你見棄、磐石挪開原處嗎？」（約伯記十八章 4 節）「忿怒害死愚妄人；嫉妒殺死癡迷人。」（約伯記五章 2 節）你的憤怒和怨恨並不能改變任何事情，只會傷害到你自己。聖經鼓勵我們，不要被憤怒所充滿、不要被怨恨所淹沒。

很多人不自覺持續被過去的傷害影響，因而造成情緒上的波動，也許那個人已經離你很遠了，或已經不在人世了，但是你卻允許那個人繼續影響你的情緒，也傷害了現在的關係。如果你要好好地繼續走下去，唯一的選擇就是：「饒恕每一個人，就像上帝願意饒恕你一樣！」神願意饒恕我們，也鼓勵我們饒恕那些曾經傷害我們的人。你被神饒恕的目的，是為了要你也去饒恕別人。或許可以這樣想比較容易釋懷：因為你欠神的比那個人欠你的還要更多。所以，讓我們放下這一切的怨恨。

2 / 我必須放掉我的憂傷，這是關乎生命中的遺憾與傷痛

憂傷是生命中很正常的一部分，每個人都經驗過憂傷。很多人有失戀的經驗，失戀的感覺也許讓你刻骨銘心，但是那些日子已經回不來了，會使人沈浸在失去的傷痛中而走不出來。也有人因為跟人合夥投資失利而失去龐大的錢財或資產，這樣子的失去，也會帶來很深的傷害。

人活在這個世界上難免會遇到這樣的事情。但是，聖經上說：「哀慟的人有福了！因為他們必得安慰。」（馬太福音五章 4 節）流淚跟哀傷並沒有絕對的關係，它是生命的一部分。但是，如果你允許自己沈溺在一種悲哀裡面，則有些不同，悲哀是一種自憐：「我好可憐！我好悲哀！」當你悲哀

的時候會選擇放棄生命，跟自己說：「算了！我絕不可能再快樂起來了！我失去了最重要的一切！」

當你失去所愛的人、資產，或珍貴的東西時，的確會帶來很大的衝擊和傷痛，這時候你會覺得憂傷，這是正常也是自然的。當我們強烈感受到失去，卻允許憂傷一直沈溺在心裡面，可能會築起圍牆把自己孤立起來說：「我不再讓別人靠近我，因為我會再受傷。我要建一座牆，把世界圍在牆外，把自己關在牆內。」這叫作「自我孤立」，一個憂傷的人一不小心，就容易走入這種處境當中，這是要非常謹慎的部分。

聖經中有一個人物，他走出憂傷的過程可以成為我們的典範，他就是「大衛」。大衛曾經做錯一件事情，他搶了別人的老婆，謀殺她的先生。後來，大衛在先知拿單面前徹底悔改，知道自己做錯了，神也讓他為這個錯誤付上代價。這件事情過後，大衛新娶的妻子拔示巴懷孕了，這孩子出生不久卻重病瀕臨死亡。大衛迫切跟神禱告祈求，希望孩子能夠活下來。過了一個禮拜，孩子還是死了。「所以大衛為這孩子懇求神，而且禁食，進入內室，終夜躺在地上。……到第七日，孩子死了。」（撒母耳記下十二章 16-18 節）

［大衛做了三件事，走出喪子憂傷成為典範］

一、接受不能改變的事實

「大衛說：孩子還活著，我禁食哭泣；因為我想，或

者耶和華憐恤我，使孩子不死也未可知。孩子死了，我何必禁食，我豈能使他返回呢？我必往他那裡去，他卻不能回我這裡來。」（撒母耳記下十二章22-23節）有時候，我們無法理解為何這些事情會發生，但事情已經發生了，我們必須承認：「你不能改變那個事實，你必須要接受這個事實，你要相信神仍然掌權坐在寶座上，祂是亙古不變的、是慈愛公義的。」

二、放下並交託憂傷

「大衛就從地上起來，沐浴，抹膏，換了衣裳，進耶和華的殿敬拜；然後回宮，吩咐人擺飯，他便吃了。」（撒母耳記下十二章 20 節）憂傷的人，心是破碎的，你必須把心聚焦在神面前來敬拜祂，不要把心聚焦在那些讓你憂傷的事或人身上，你要知道神比這一切都大。

三、專注於我所擁有的，而非我所失去的

「大衛安慰他的妻拔示巴，與他同寢，他就生了兒子，給他起名叫所羅門。」（撒母耳記下十二章 24 節）如果你一直聚焦在失去的人事物，沈溺於憂傷中，容易忽略神放在你身邊值得感恩與珍惜的人事物。如果你能夠面對心中的憂傷，生命將會得著很大的釋放與突破。

3 我必須放掉我的罪惡感，這是關乎我加諸於別人的傷害

　　有些人曾經做錯事傷害了別人，內心有很大的罪惡感，認為：「我已鑄下人生大錯，犯了很愚蠢的錯誤，不可原諒。我這一生，完了！」如果這是你的感覺，那麼，讓我告訴你，你錯了！我同意，有時候我們犯了一些錯誤，連自己都很難原諒自己，甚至永遠無法得著別人的原諒，因此，落入無止境的自我控告，或受到他人控告。

　　其實，福音的本質是：「有一位神，祂願意寬恕我們一切的過犯。」這是耶穌基督來到世上最主要的原因，也是福音最寶貴的地方！

　　人因犯錯產生罪惡感的時候，通常會有兩種反應，一種是「自責」，一種是「認罪」，這兩種反應剛好發生在耶穌的兩個門徒身上，一個叫做猶大、一個是彼得，他們都犯了讓自己感到愧疚的錯誤。猶大出賣耶穌之後，心中充滿愧疚自責，最後上吊自殺結束自己的生命。「這時候，賣耶穌的猶大看見耶穌已經定了罪，就後悔，把那三十塊錢拿回來給祭司長和長老，說：我賣了無辜之人的血是有罪了。他們說：那與我們有什麼相干？你自己承當吧！猶大就把那銀錢丟在殿裡，出去吊死了。」（馬太福音二十七章3-5節）可見，猶大用了錯誤的方式來面對心中的罪惡感。有很多人犯錯之後，內心充滿愧疚自責到了一個地步，最後會自我放棄、自我沈淪、自我墮落，這是一條錯誤的道路。

另外一位門徒彼得，在耶穌被抓之後，連續三次不認主，他痛哭認罪悔改。「彼得想起耶穌所說的話：雞叫以先，你要三次不認我。他就出去痛哭。」（馬太福音二十六章75節）後來，彼得遇見復活的耶穌，耶穌三次問彼得說：「你愛我嗎？」彼得三次回應：「主啊，祢知道，我愛祢！」彼得選擇來到神面前認罪悔改，耶穌不僅饒恕彼得，並且賦予他使徒的身分和大使命的權柄，後來彼得成為一個大有能力的使徒，帶領許多人悔改信主。

當我們犯錯，心中充滿罪惡感的時候，需要來到神面前認罪悔改。你不必哀求神的原諒，因為神比你更期待寬恕你，祂希望我們生命中一切的罪都能被清除，好讓我們跟神之間的關係，沒有任何的阻隔。舉例來說，當一個孩子犯錯時，父母希望孩子來到面前請求原諒，看見孩子願意主動認錯，父母巴不得立刻擁抱孩子、寬恕孩子，其實這就是我們的阿爸父。你不需要跟神交換條件或討價還價，也不需要付上什麼代價，你只要相信：「神願意饒恕我們，只要真心悔改，祂必赦免我們一切過犯。」

「我們若認自己的罪，神是信實的，是公義的，必要赦免我們的罪，洗淨我們一切的不義。」（約翰壹書一章9節）這段經文是神賜給我們極寶貴的應許，我稱它叫做「屬靈肥皂」。每天晚上睡覺前或受聖靈提醒時，要省察自己在態度或言行上有哪些得罪神、得罪人的地方。當這些意識出現時，要再一次來到神面前認罪，神必要赦免我們的罪，洗淨我們一切的不義。

［你要用更好的來取代過去的傷痛］

「你要用更好的，來取代過去的傷痛！」往往我們把過去囤積在生命中的垃圾清掉之後，一不小心很容易再把垃圾拎回來。所以，當你清空之後，要用一個更好的來取代！

當你放掉過去之後，要用三個更積極的態度去回應：
一、專注你目前所擁有的一切美好人事物！
二、看見並追求天國的榮耀與永恆的價值！
三、領受並奔向神所賦予你的呼召與使命！

放掉生命中三個鎖鍊，將得著極大的自由：
一、你必須放掉因為別人傷害你所引起的怨恨。
二、你必須放掉你無法掌控的事所引起的憂傷。
三、你必須放掉那些你傷害人所引起的罪惡感。

我們人生難免會有很多過去所帶給我們生命的拉扯和傷害，但保羅教導我們要學會這個功課：「忘記背後、努力面前、向著標竿直奔！」神要我們放下這一切，不要一直沈溺在過去的傷痛、憂傷和懊悔裡面。當你這樣做的時候，你將奔向神所為你插的標竿，重新經營並擁有美好的人際關係。

@本文出自旌旗教會主日信息【擁抱美好的人際關係—放掉你的過去】

讓蕭牧師為你禱告

有些人，你一直放不下生命中的一段感情，這段感情讓你刻骨銘心，但是最後你失去了。雖然你現在已經進入婚姻中或有新的對象，卻覺得無法跟前面那一段感情相比。神要對你說：「我的孩子，你一直不願意放下那段感情，以至於你沒有辦法有效地發展現在的婚姻關係或感情關係。不要把自己封閉起來，我將為你預備那更美好的感情，給你更美好的未來，是超過你所求所想的！」

還有一種人，你目前的婚姻關係中，彼此承受著過去的錯誤，那些錯誤影響你們現在的夫妻關係，每次想起那些錯誤，你心裡仍很難釋懷。神要對你說：「我的孩子，你要放手，如果你一直抓著過去的錯誤，這會影響你們的夫妻關係。因為愧疚感或討債的心態都無法建立真實的親密關係。」神已經寬恕了，你也要寬恕。你要放下這一切，一起奔向神為你們插的人生標竿，這是神為你們的婚姻所設定最美好的計畫。

也有可能，是你曾經遭受重大的傷害，內心受到極大的創傷。神要對你說：「我的孩子，我要來醫治你的心，你需要經歷三個步驟：第一、你要願意饒恕那個傷害你的人，就好像我饒恕你一樣。第二、你要有耐心不要急，心的醫治需要過程。第三、你要用更好的來取代，轉向神的國度，追求神給你的目標。」當你認真詢問神，神必要向你啟示跟顯明，有一天，你的命定要得著神的稱讚，領受神榮耀的產業！

阿爸父神，我把每位弟兄姊妹交在祢手中，我們生命中曾經有許多傷痛、憂傷和罪惡感，過去的事情深深地影響我們的現在，求你幫助我們能夠像保羅一樣，忘記背後、努力面前、向著祢為我們插的標竿直奔！

禱告是奉耶穌基督的名求，阿們。

跟主耶穌說說話

來到主的面前，向祂傾訴得著安慰；
抓住神的應許，向祂祈禱使你有力量！

在你的生命中，是否還有些過去的事一直影響著你？將
這些事情透過禱告交給上帝，讓祂的大能與愛來釋放你。

上帝鼓勵我們放掉怨恨、憂傷、罪惡感，就有機會從過
去的遺憾中走出來，邁入真正自由的人生。這其中有沒
有哪些信念，很需要神給你力量才能達成？來跟神禱告。

看見，
神能修復我的生命

　　衣服破了，可以請裁縫師幫我們縫補一下；身體生病了，可以讓醫生為我們治療。但是，當我們的心破碎了，關係破滅了，甚至鑄下人生大錯了，還能夠被修復嗎？有時候，我們生命中經歷壓力、挫折、沮喪，甚至破碎，真的很需要修復的力量。上帝是一位慈愛的神，祂很樂意幫助我們，除了解決這些與我們切身相關的困難和需要之外，更重要的是，神要修復我們的生命！

　　我們都知道，耶穌使拉撒路從死裡復活，在當時震撼整個耶路撒冷，拉撒路死了四天，已被封在墳墓裡面，但是耶穌竟然把拉撒路從墓穴裡面呼喊出來，這是耶穌在傳道中所行的最後一個神蹟，也是最大的神蹟。拉撒路在年輕時曾經歷一次死裡復活，活至老年的他，最終還是必須面對死亡。神給我們復活的身體跟復活的生命，有一天當我們生命結束的時候，我們可以永活在天國當中。

　　耶穌說：「所以，你們要完全，像你們的天父完全一樣。」（馬太福音五章 48 節）保羅也提到：「還有末了的話

……要作完全人；」（哥林多後書十三章 11 節）我們常會這樣想：「神啊，求祢解決我的困難、醫治我的疾病……」但是當困難解決了、疾病痊癒了，我們卻繼續過著自己想要的生活。

神一定有能力解決我們所有的問題，修復這些人事物固然重要，但神最想修復的，不是我們這些問題，而是修復我們的生命，使我們成為像天父一樣完全的人。

從三方面看
神如何修復我們的生命

1 不論你經歷過什麼事，神都能修復你生命的核心身分

什麼是你我的「核心身分」？我們一般認定的核心身分，是以你的父母親是誰或出生背景來定義；有些人會再加上自身的專業、職場或人生經驗；有些人則認為是自己的夢想，或最看重的事物。這些固然重要，但你必須自我評估一下，這些核心身分若像洋蔥一層層剝到最後，會剩下什麼？這些核心身分真的恆久穩固嗎？當有一天，這些東西都會消失無蹤，什麼才是你我真正的核心身分？

[從聖經角度來看我們真實的核心身分]

一、我是神所造的，是有神的目的的

「我們原是他的工作，在基督耶穌裡造成的，為要叫我們行善，就是神所預備叫我們行的。」（以弗所書二章 10 節）

二、我是被神揀選的

「就如神從創立世界以前，在基督裡揀選了我們，使我們在他面前成為聖潔，無有瑕疵；」（以弗所書一章 4 節）

三、我們雖然都有肉身的父母，但真正的核心價值：我是從神所生的

「凡接待他的，就是信他名的人，他就賜他們權柄，作神的兒女。這等人不是從血氣生的，不是從情慾生的，也不是從人意生的，乃是從神生的。」（約翰福音一章 12-13 節）

四、我是蒙愛的

「所以，你們既是神的選民，聖潔蒙愛的人，就要存憐憫、恩慈、謙虛、溫柔、忍耐的心。」（歌羅西書三章 12 節）、「……我以永遠的愛，愛你，因此我以慈愛，吸引你。」（耶利米書三十一章 3 節）

當我們擁抱這個核心身分，知道自己是蒙神所愛的兒女，不管遇到任何處境，內心依然恆定穩固，當核心身分被神修復的時候，神就可以把我們逐漸帶到完美的地步。很多人認

為，只要是人類，就是上帝的兒女；聖經告訴我們，只有那些接受耶穌基督、信靠耶穌基督的人，上帝賜給他們一個權柄，做上帝的兒女。因此，有耶穌基督的生命在他裡面的人，才叫做上帝的兒女！如果你不信耶穌基督，那麼你只是按著神的形象所造的人，但是如果你信耶穌基督，你不僅是按著神的形象所造的人，又是從基督重生的人，是從神所生的。當我們從神所生，就會得著神的本質，擁有神的生命。

〔擁抱真實的核心身分，使生命得著益處〕

對活在這世上的每一個人，聖經明確地告訴我們以下這四件事情，使你我的生命不論經歷怎樣的過去，都可以被修復成為尊貴、聖潔、甚至完全！

一、你是一位按著上帝的形象所創造的人。
二、耶穌基督已為你的罪死在十字架上了。
三、你要接受基督救恩，成為上帝的兒女。
四、你要擁抱自己核心身分是蒙愛的兒女。

很多人一遇到挫折，就開始埋怨神，覺得神不愛我，就把自己與神隔開了，如此一來，核心身分就容易被搖動。約瑟，是歷史上一個擁有穩固核心身分的聖經人物。約瑟在青少年時期，被哥哥賣到埃及當奴隸，與原生家庭完全切割開來。他不僅被賣為奴隸，又被誣告成為階下囚而失去自由。在一個關鍵時刻，約瑟為法老王解夢，預告埃及將經歷七個豐年和七個荒年，成功幫助埃及度過飢荒，讓他從一位階下囚被晉升為埃及的宰相。當時全地大饑荒，雅各派兒子來到

埃及買糧食，約瑟再次與賣掉他的哥哥們相見。

聖經上說：「從前你們的意思是要害我，但神的意思原是好的，要保全許多人的性命，成就今日的光景。」（創世記五十章 20 節）從神的眼光和高度，能看見整個事件背後的意義。神使萬事互相效力，讓約瑟成為埃及宰相，運用埃及一切的資源，來餵飽那個世代的人，不至於因為饑荒，使大量人口跟牲畜失去生命。約瑟相信神的旨意，也相信自己的存在有神美好的目的，雖然哥哥們當初要害他，卻因此成就神的美事。最後，約瑟盡棄前嫌跟哥哥們和好，也邀請父親雅各及所有家人移居到埃及，度過豐盛的人生。從約瑟身上看見，不論經歷多少艱困的處境，他都擁有穩固不搖動的核心身分。

2 神要使你：謙卑而不自卑、
自愛而不自私、自我肯定而不自我中心

[神要我們成為謙卑的人，而不是自卑的人]

如果你不確定自己的核心身分，你會想要靠著自己的努力，來證明自己存在的價值，這樣的話，你的核心身分很容易被震動。謙卑的人能夠準確看待自己，了解自己不完全，相信神掌權在我的生命當中。

［神要我們成為自愛的人，而不是自私的人］

神要我們成為自愛的人，學習如何尊重別人、疼惜自己。有些人在關係中為了討對方的喜歡，選擇委屈求全，對方有任何的要求，完全不敢拒絕，只因不想破壞這段關係。如果你要懂得怎麼樣愛人，要先懂得怎麼樣愛自己。自愛就是了解自己是有價值的，知道自己是蒙神所愛的，知道自己是被神寬恕跟原諒的。聖經上說：「你要盡心、盡性、盡意、盡力愛主──你的神。其次就是說：要愛人如己。再沒有比這兩條誡命更大的了。」（馬可福音十二章 30-31 節）自私的人是以自己的慾望為中心，用盡一切方法想要滿足自己所要的；自愛的人了解自己存在的價值，明白自己的核心身分，不需要靠別的東西來滿足。

［神要我們成為自我肯定的人，而不是自我中心的人］

一個自我中心的人，認為全世界都要順著他的意思行。一個自我肯定的人，清楚自己存在的價值和擁有的職分。保羅曾經說過一段話：「現在我為你們受苦，倒覺歡樂；並且為基督的身體，就是為教會，要在我肉身上補滿基督患難的缺欠。我照神為你們所賜我的職分作了教會的執事，要把神的道理傳得全備，」（歌羅西書一章 24-25 節）保羅身為外邦人的使徒，他很清楚自己的職分，肯定自己的能力，知道自己蒙召就是要來建造教會，要把神的道傳得全備。保羅又說：「我雖不覺得自己有錯，卻也不能因此得以稱義；但判斷我的乃是主。」（哥林多前書四章 4 節）保羅雖然覺得自己是對的，卻不敢說自己都對，因為能夠判斷對錯的只

有神！保羅相當自我肯定，卻沒有自我中心，他以神為中心，知道自己的職分、身分與價值，明白自己所做的一切，不是為自己，乃是為了神。

神很樂意醫治我們的疾病、解決我們的難處、滿足我們的需要。但是，作為一個神的兒女，你跟神之間的關係，不能只停留在這個層次，神想要修復你的生命，而最需要被修復的就是你的核心身分！當你有一個正確的核心身分，清楚自己的核心價值，在這個基礎裡面，神可以透過那些發生在你生命中的事情，幫助你從自卑變成謙卑、從自私變成自愛，從自我中心變成自我肯定。

3 / 從神的眼光宣告，你受造是剛強的、被賦予能力的、是榮耀的

[從神的眼光來看：我是剛強的]

聖經上說：「因為神賜給我們，不是膽怯的心，乃是剛強、仁愛、謹守的心。」（提摩太後書一章 7 節）神在基督耶穌裡給我們一顆心，這顆心是剛強的心，使你能夠擁抱真實的核心身分；這顆心是謹守的心，使你能夠自我約制。聖經上說：「我靠著那加給我力量的，凡事都能做。」（腓立比書四章 13 節）當我們依靠神剛強起來，神必赦免我們的過犯，幫助我們勝過生命中的軟弱，使我們漸漸地脫離那些不好的癮，以及不聖潔的思想與生活習慣。

從神的眼光來看：我是大有能力的

聖經上說：「神能照著運行在我們心裡的大力充充足足的成就一切，超過我們所求所想的。」（以弗所書三章20節）、「並且照明你們心中的眼睛，使你們知道他的恩召有何等指望，他在聖徒中得的基業有何等豐盛的榮耀；並知道他向我們這信的人所顯的能力是何等浩大，」（以弗所書一章18-19節）那運行在我們裡面的力量，就是基督復活的力量，也就是聖靈的大能。如果你願意遵行神的道，信靠神的應許，並且活在神的原則跟旨意當中，復活的大能在你裡面是無可限量的，神可以使用你的生命來改變整個世界。

從神的眼光來看：我是榮耀的

聖經上說：「我們講的，乃是從前所隱藏、神奧祕的智慧，就是神在萬世以前預定使我們得榮耀的。」（哥林多前書二章7節）你我受造最終的目的，是為了要得榮耀。當你擁抱真實的核心身分，知道自己是蒙神所愛的兒女，願意成為一個懂得謙卑、自愛、自我肯定的人，讓神的道運行在你的生命中，最終，神要使你成為一個剛強的、有能力的、得榮耀的人。

你想真實地經歷神嗎？這一種經歷，比病得醫治、問題被解決、需要被滿足，更加地恆久且重要。我鼓勵所有人，不管你曾經歷過什麼事情，擁抱真實的核心身分，從這裡開始，神要一步一步地修復你的生命，直到完全的地步！

@本文出自旌旗教會主日信息【真實地經歷神─神能修復一切】

讓蕭牧師為你禱告

　　我領受有一些年輕人，可能在學校或同儕當中正遭受別人的霸凌，有時候人們用話語攻擊你、傷害你、嘲諷你，否定你的價值與表現，你心裡常常感到非常挫折、受傷和痛苦。神要對你說：「我的孩子，那些人是很自卑的，他們的內心是充滿恐懼的，我必與你同在，我要幫助你，我要堅固你，我要給你另一個眼光，不是恨他們或氣他們，而是憐憫他們，我會給你智慧和方法，你可以幫助他們、祝福他們。」

　　還有人，你曾經在生命中鑄下大錯，你覺得自己的人生徹底毀了，對自己也不指望什麼，只好過一天算一天。我為你禱告，看見以西結書三十七章的異象，以西結被聖靈帶到一個充滿骸骨的山谷中，當以西結對這那些骸骨發預言，那些骸骨就活了起來，成為耶和華極大的軍隊。神要讓你知道：「我的孩子，我要修復你的生命，在你生命中施行修復的工作，讓你再一次大大地被我來使用。」

　　此外，有人你一直覺得自己沒有能力，覺得自己學歷不高，很多事情不懂，內心充滿軟弱。神要對你說：「我的孩子，你是我所造的，你是我所生的，你是剛強的、有能力的，而且是榮耀的。關鍵在於，你要起來認識神的話，遵行神的道，那麼你將活出大能的生命。」

　　阿爸父神，我奉祢的名祝福每一位弟兄姊妹，求祢打開我們心靈的眼睛，不管我們現在身處何處、處境如何，或經歷過哪些破碎痛苦，主啊，我們知道祢可以修復一切，把我們帶到那完美的地步。

　　禱告是奉耶穌基督的名求，阿們。

跟主耶穌 説説話

來到主的面前，向祂傾訴得著安慰；
抓住神的應許，向祂祈禱使你有力量！

你曾經歷過最破碎的時刻是在何時？當時的壓力、挫折、沮喪，跟人説的明白嗎？那些過程多麼的不容易，你願意跟神來傾訴嗎？

神創造你是非常尊貴的，你渴望被神修復回到起初具有價值的身分嗎？來跟神禱告，祂將一步一步帶領你活出剛強的生命。

看見，
聖經領我與神同行

　　聖經是人類有史以來，全世界出版量最大、被譯翻譯成最多語言的一本書。神非常地愛我們，祂很渴望跟我們建立一個很深的關係，聖經是神給我們非常獨特的一本情書。如果你想要與神同行，那麼你一定要明白神的話語！

　　聖經中的舊約共有 39 卷，新約共有 27 卷，中文和合本一共有 1189 章、31101 節。聖經寫作的時間跨越 1600 年（B.C.1513-A.D.98），作者共有 40 人，來自不同年代、階層與時空背景，包括漁夫、農夫、牧羊人、君王、醫生等，前後的信息卻是完全一致。聖經這本書緊扣人類歷史，當時人們所發生的事情，都跟歷史深深地結合。

　　聖經也經得起科學驗證。3500 年前，約伯說：「神將北極鋪在空中，將大地懸在虛空」（約伯記二十六章 7 節）以天文學來說，地球就是懸在太陽系裡面。公元前 8 世紀，以賽亞說：「神坐在地球大圈之上；地上的居民好像蝗蟲。他鋪張穹蒼如幔子，展開諸天如可住的帳棚。」（以賽亞書四十章 22 節）把大地說是一個圓的球體，大概只有聖經隱含這個概念。人類到很後來才知道，地是圓的，不是平的。

公元前 1500 年，摩西的律法則包含了很多現今還在使用的一些原則，例如，檢疫隔離、屍體處理及污染物處理的方法。（利未記十三章 1-5 節；民數記十九章 1-13 節；申命記二十三章 13-14 節）上帝指教摩西要教導以色列人保持群體生活的衛生，才不致於讓瘟疫擴大。直到今日，這些原則在醫學上都還受用。

從聖經看見神掌管人類歷史

我認為，聖經最特別的一件事情，是其中提到的預言實現度非常高。或者可以說，聖經中沒有一個預言是不實現的。根據統計，聖經中一共有 1817 個預言，到目前為止已經應驗了 96.2%，包括對列國的預言、對以色列的預言，還有對基督的預言，尚有 3.8% 還沒有應驗的，是關乎末世的預言。在未來的年日，我們將看到耶穌基督再來，還有人類歷史的末了，而這些早就寫在聖經裡面了。由此可以證明一件事，上帝是掌管歷史的神！

最特別的一個預言就是，以色列在 1948 年復國，這件事情震撼了整個人類的歷史。過去以色列亡國 2500 年，當以色列復國的時候，散居在全世界的猶太人全部都回來。以色列一復國的時候，旁邊的阿拉伯國家立刻發動戰爭，想把這個剛剛冒芽的國家立刻摧毀掉。神行了很多超自然的神蹟，保護以色列這個國家的復國，舊約的以西結先知和以賽亞先知都不斷地描述到這樣的事情。

雅各書提到三個重要原則來
面對神的話語

我們要用什麼樣的態度來閱讀聖經？聖經上說：「惟有詳細察看那全備使人自由之律法的，並且時常如此，這人既不是聽了就忘，乃是實在行出來，就在他所行的事上必然得福。」（雅各書一章25節）

1 我必須領受神的道

雅各告訴我們：「所以你們要脫去一切的污穢和盈餘的邪惡，存溫柔的心領受那所栽種的道，就是能救你們靈魂的道。」（雅各書一章21節）這當中的「領受」，在希臘文裡有「歡迎」的意思，就好像一個好朋友來訪，你熱烈歡迎他進到家中的一種態度跟感覺。

這裡提到「在心田裡栽種神的道」的概念。意思是，把神的話當作一顆種子栽種在我們的心田裡面。春天的時候農夫通常都要春耕，把土鬆軟一點，再把種子種下去，那麼，有翻過土的種子和沒有翻過土的種子，兩棵植物的結果卻會完全不同，收成與否的關鍵並不是種子，而是土壤有沒有預備好！所以，我們要預備對的態度，讓我們的心田鬆土，來迎接神的道。

─────[「心田鬆土」需預備兩個重要態度]─────

一、你要預備：清潔的心思

在栽種種子之前，需要做一些除草的工作。雅各說，你必須要脫去一切的「污穢」，「污穢」這個字在希臘文裡的意思，其實就是「耳垢」。意思是說，當你接納罪的時候，會攔阻你的聽力，會讓神的道沒有辦法進入到你心裡。如果一個人選擇或接納一項罪，或是同意一種錯誤的生活方式，那麼神的道就很難進到他的心裡。所以，我們要願意挪去生命中所有邪惡、錯誤的事，才能領受神的道。

我要特別說，你要擁有一個清潔的心思，並不是指你要作一個聖人、完美的人，才能夠領受神的道。而是你願意認同神的話語，願意去處理生命中不好的態度或習慣，或是神不認同的罪，包括：情慾、貪戀、仇恨、不饒恕、嫉妒等等。也許，現在沒有辦法完全脫離或改變，但是你願意來到神面前承受自己的軟弱，並且認罪悔改：「神啊，我知道這樣子不對，求祢赦免我，我願意仔細聆聽祢的話語。」如果你有這樣子的態度，仍然可以領受神的道。

二、你要預備：謙柔的態度

我常常跟自己說，我跟神之間一定還有一種更美好的關係，是我還沒有經歷到的。在認識神的話語上面，一定還有許多更豐富、更榮耀的啟示，是我可以進一步領受的。意思就是說，我跟神之間的關係，還有很多成長的空間。當你願

意抱持這種態度來到神的面前，那麼你就會再一次領受神的啟示跟亮光。也許，很多人跟我一樣有這種經驗，有一處聖經讀過很多遍、已經很熟悉了，可是，某一天再次讀它的時候，竟發現不同的角度、不同的領受、不同的看法，或者不同的亮光，神常會幫助我們從不同的角度、不同的處境來更深認識祂。

使徒保羅非常認識神，不僅精通舊約的摩西律法，也了解新約的奧祕，寫了很多新約的書信。保羅說：「這不是說我已經得著了，已經完全了；我乃是竭力追求，或者可以得著基督耶穌所以得著我的。弟兄們，我不是以為自己已經得著了；我只有一件事，就是忘記背後，努力面前的，向著標竿直跑，要得神在基督耶穌裡從上面召我來得的獎賞。」（腓立比書三章 12-14 節）從這裡看見，保羅擁有謙柔的態度，不認為自己已經得著了，還繼續竭力追求、向著神的標竿來直奔，他相信前面還有神所預備的獎賞和啟示。

聖經上說：「你必將生命的道路指示我。在你面前有滿足的喜樂；在你右手中有永遠的福樂。」（詩篇十六篇 11 節）如果你把完成夢想、得到學位、賺幾桶金、住進豪宅當作人生追求的目標，當你盡一生的努力達到之後，你不會真的滿足。一個人活在這個世界上，怎麼樣才可以得到最深的滿足以及最無法動搖的喜樂？當你領受神的道的指示，並且活在神的面前，今生你會經歷到最深的滿足跟喜樂，也會得到永恆的福氣跟產業！

2 我必須內化神的道

如果我們的想法或意念與神的道不同，我們就要去思想與調合，來符合神的道。當中，有一個很重要的條件就是：你要相信神！聖經上說：「因為有福音傳給我們，像傳給他們一樣；只是所聽見的道於他們無益，因為他們沒有信心與所聽見的道調和。」（希伯來書四章 2 節）

當神的看法跟自己的看法不同時，你要用信心先接受，有時候邏輯過不去、感覺過不去，要有信心來調和，然後再慢慢地去體會、慢慢地去經歷：「為什麼神要我這樣子做？」活在這個世界上，心中沒有仇恨牽掛，沒有跟任何人在關係上有糾結或過不去，是一件很舒暢的事情。如果我們得罪人，就請求別人寬恕；如果別人得罪我們，我們則在上帝面前原諒對方。

讓神的道成為自己的信念與價值

在神學界裡面，有一段時間很流行自由神學，背後有很多的流派，其中有一些思潮，叫做「除神化神學」，把聖經中的神蹟或預言用自己的方式解釋，認為這世界不可能有神蹟或預言發生，用這樣錯誤的態度面對神的話，是無法從中得著祝福的。

聖經上說：「因為聽道而不行道的，就像人對著鏡子看

自己本來的面目,看見,走後,隨即忘了他的相貌如何。」
(雅各書一章23-24節)、「神的道是活潑的,是有功效的,
比一切兩刃的劍更快,甚至魂與靈,骨節與骨髓,都能刺
入、剖開,連心中的思念和主意都能辨明。」(希伯來書四
章12節)

聖經上說:「惟喜愛耶和華的律法,晝夜思想,這人便
為有福!他要像一棵樹栽在溪水旁,按時候結果子,葉子
也不枯乾。凡他所做的盡都順利。」(詩篇一篇2-3節)、「這
律法書不可離開你的口,總要晝夜思想,好使你謹守遵行
這書上所寫的一切話。如此,你的道路就可以亨通,凡事
順利。」(約書亞記一章8節)

我鼓勵大家常常晝夜思想去調和神的話,並且反思內化
成為你人生的信念價值。但是,這需要信心!例如,神說我
們要什一奉獻,為什麼神要我們這樣做?什一奉獻是為了神
的緣故,還是為自己的緣故?其實,神並沒有任何缺乏,因
為宇宙萬物都是祂所造的;藉著什一奉獻,神要我們過一個
奉獻跟給予的人生!

神一切的命令總歸就是「愛」,神賜下祂的話語,都是為
了我們的緣故。有時候,神的價值與信念,可能會跟我們原
來的價值觀是衝突的,實行起來很不容易,例如:要愛仇敵、
要饒恕人、要給予等,但如果你願意晝夜思想去調和、內化
神的話在你生命中,你將蒙福且凡事順利。

3 / 我必須遵行神的道

當你領受、內化神的道之後，最重要的是，要勇敢去遵行神的道！聖經上說：「只是你們要行道，不要單單聽道，自己欺哄自己。」（雅各書一章 22 節）、「所以，凡聽見我這話就去行的，好比一個聰明人，把房子蓋在磐石上；……凡聽見我這話不去行的，好比一個無知的人，把房子蓋在沙土上；」（馬太福音七章 24、26 節）

從聖經來定義，一個真正屬靈的人，不是了解多少聖經的經文，體驗過多少聖靈充滿和神蹟奇事，而是順服並行出神的話有多少，這才能夠決定，什麼是成熟生命的記號？並不是你懂很多聖經的知識，也不是你有很多服事的經驗，而是在你生命中擁有基督的品格。

舊約時期有一位先知叫做以賽亞，他發了預言，有一天全世界上所有人類，想要找到正確的生命之道，必須來尋找神的教會。聖經上說：「必有許多國的民前往，說：來吧，我們登耶和華的山，奔雅各神的殿。主必將他的道教訓我們；我們也要行他的路。因為訓誨必出於錫安；耶和華的言語必出於耶路撒冷。」（以賽亞書二章 3 節）今天我們所講的錫安和耶路撒冷預表的就是「教會」，舊約先知很早就發了這個預言，如今這個預言應驗在現今時代當中。當我們願意認真領受神的道、內化遵行神的道，會使我們人生的道路可以走的蒙福順利，並且經歷有神同在的一生。

@本文出自旌旗教會主日信息【與神同行一正確看待與閱讀聖經】

讓蕭牧師為你禱告

　　有一種人：你認為聖經是很不錯的，對這個世界產生很大的影響力。但是，大部分的時間你把這本書束之高閣，並沒有很認真地看待這本書對你真實的意義。相信聖靈要給你一句話：「你真實的財富跟產業，並不在這個世上，而是在神的話語，還有祂的應許之中。」求神打開你心裡的眼睛，讓你看見神話語中的寶藏。

　　還有人，你覺得聖經很厚、很多、很不容易理解，像一本天書一樣，其實現在已經有非常多的工具，只要你願意，你可以很快速地了解神的話語。當你願意認真地了解、領受神的話，神必為你提供許多的資源。

　　若你正在經歷神話語的熬煉，你相信神的話，可是你所相信的那句話，好像還沒有真實地成就在你的生命當中。我看到一個圖像，一個主人在煉金子，那個金子在火窰裡面來來去去煉很多次，直到金子裡面的雜質完全純淨為止，最後變成精金。神說：「我正在鍛鍊你，讓你的信心如同精金一樣。未來我要用這個純金打造一個冠冕，並且將這個冠冕戴在你的頭上。」也許，神的話語還沒有成就，不要失去信心與盼望，繼續來跟隨神、信靠神的話，走在神的道路上，神必要賜給你豐盛的產業。

　　阿爸父神，我奉祢的名來宣告祝福每位弟兄姊妹，幫助我們認真地看待祢的話語，認真地起來領受、內化、遵行祢的道在我們的生命當中。

　　禱告是奉耶穌基督的名求，阿們。

跟主耶穌 說說話

來到主的面前,向祂傾訴得著安慰;
抓住神的應許,向祂祈禱使你有力量!

試著回想,在你認識神的過程中,有沒有曾經被神的話
深深觸動,那是在什麼事件當中經歷的?

_____

_____

_____

_____

_____

_____

神的話語,會成為你生命的寶藏。在你目前的生活中,
神有沒有感動你去回應哪一些已經聽見的道?

_____

_____

_____

_____

_____

_____

看見，
耶穌如何談論金錢

　　對神的兒女來說，到底我們該如何正確看待金錢這個議題呢？究竟，金錢是你的主人，還是僕人？能不能擁有錢？可以擁有多少錢？我們將透過聖經中不同的角度，來看待如何面對金錢的態度！

耶穌告訴我們三個關於 金錢的重要態度

1 耶穌鼓勵我們要學會靠神而活，而不是靠錢而活

　　一個有智慧的人生，要選擇倚靠神而活。這需要信心，因為神看不見、摸不著。所謂「靠神」就是要倚靠神的話語和應許。事實上，耶穌很強調，你要靠著神的話和神的本質來信靠神，因為神說了，一定會照祂所說的成就！

　　神從舊約就已經開始訓練祂的百姓要倚靠祂了。以色列人在埃及為奴的時候，他們要費盡勞力做許多苦工才能稍微溫飽。當摩西帶領以色列人出埃及、進入曠野之後，在那裡既沒有河流，也沒有辦法耕種，他們要如何生活下去？神透過摩西對以色列人說了一段話：「耶和華對摩西說：我要將糧食從天降給你們。百姓可以出去，每天收每天的分，我好試驗他們遵不遵我的法度。」（出埃及記十六章4節）以色列人在曠野40年的時間，神從天降下嗎哪供應以色列人日常所需的食物，每天清晨趁著太陽未升起之前，外出採收當日足夠吃的嗎哪，只有第六天可以採收兩天份的嗎哪，因為第七天要守安息日。神要以色列人透過這樣子學習信靠祂。

　　耶穌在曠野受撒旦試探的時候，說了一句話：「……經上記著說：人活著不是單靠食物，乃是靠神口裡所出的一切話。」（路加福音四章4節）耶穌試著告訴你我一個很重要的態度：「人活在這個世界上，不是靠食物、金錢活著，乃是靠神口中的一切話。」有些時候，我們很容易信靠實質的東西，例如：金錢、人脈、勢力、背景等，神卻要我們單單倚靠祂，信靠神的話來過我們的人生。耶穌又說：「一個人不能事奉兩個主；不是惡這個，愛那個，就是重這個，輕那個。你們不能又事奉神，又事奉瑪門（瑪門：財利的意思）。」（馬太福音六章33節）

[與基督連結比金錢更重要]

有些人覺得活在這個世界上，為了賺錢生活只好為五斗米折腰。但是，耶穌告訴我們，你人生的主人不能是金錢，你人生的主人必須是神！這裡的意思不是說，我們從此不用出去工作賺錢、神自然會供應，我們也要為自己的生活負起當盡的責任。

耶穌的意思是說，我們要倚靠神勝於倚靠金錢！因為，活在這個世界上，有比金錢更重要的生活原則。舉例來說，誠實、誠信、聖潔、公義、良善等……這些品格都很重要，不能為了賺錢說謊欺哄、不擇手段。很多人為了工作賺錢，把配偶、孩子留在台灣，自己一個人到國外去，長年之後可能造成家庭分裂瓦解。

如果錢成為你人生的主人，你將收拾一個破敗的人生殘局。這世界上充斥著許多錢財、利益上的誘惑，如果你一心只想要擁有更多錢，很有可能因此調轉自己的人生方向，成為生命中極大的試探和危險。此外，耶穌告訴我們一個比金錢更重要的屬靈法則，就是「與基督連結」。我們的生命要先與基督連結，才能結出果子。除了透過個人靈修、讀經、禱告來親近神之外，神要我們委身教會生活，與眾肢體在一個屬靈的家中一起成長。

2 耶穌期待我們在財務上要知足感恩，不是常擔憂掛慮

耶穌行所有的神蹟都是為了愛、為了幫助人的緣故，祂從來不為自己的需要來行神蹟。四福音書同時記載的一個神蹟，就是耶穌基督從死裡復活，以及耶穌用五餅二魚餵飽五千人。這處聖經說：「他們吃飽了，耶穌對門徒說：把剩下的零碎收拾起來，免得有糟蹋的。他們便將那五個大麥餅的零碎，就是眾人吃了剩下的，收拾起來，裝滿了十二個籃子。」（約翰福音六章 12-13 節）耶穌用五餅二魚餵飽五千人之後，又用七個餅和幾條小魚餵飽了四千人。行完這兩個神蹟之後，耶穌和門徒上了船，門徒發現船上只有一塊餅。耶穌囑咐他們說：「你們要謹慎，防備法利賽人的酵和希律的酵。」（馬可福音八章 15 節）耶穌提醒門徒不要被法利賽人的態度影響，來挑戰神的權柄或懷疑神。但是，門徒第一個反應是：只有一個餅，食物不夠吃！這些門徒才剛見證耶穌行了兩個大神蹟，卻只因餅帶不夠就擔心沒有食物吃。其實，我們跟這些門徒一樣，只要經濟收入少一點，存款稍微少一點，就開始為自己生活所需思慮煩憂。

耶穌也在撒種的比喻裡面提到：「撒在荊棘裡的，就是人聽了道，後來有世上的思慮、錢財的迷惑把道擠住了，不能結實。」（馬太福音十三章 22 節）如果你一天到晚都在擔憂錢賺不夠、錢不夠用、怎樣才能更有錢，你的心思意念都是專注在這些事情上，就算你聽了福音，有神的道和應許在你心裡面，你的人生也無法有效地結出許多果子來榮耀神。

　　面對金錢和財務，不僅要信靠神，而且要為自己所擁有的知足感恩。至於，你未來的需要，神都知道，神都會為你供應。耶穌說：「所以，不要為明天憂慮，因為明天自有明天的憂慮；一天的難處一天當就夠了。」（馬太福音六章34節）

　　過去當我還在從事建築設計工作的時候，那時我開始涉足房地產和土地開發領域，只要抓住機會做適當的投資，短時間內就可以賺取不少利潤。那段時間，我還是有去教會聚會服事，但是，我的心思非常混亂，甚至無法睡覺，朝思暮想都是關於房地產的事。有一天，神對我說：「從今以後你的人生不要碰兩個東西，一個是房地產，一個是股票。」神知道我的軟弱，祂不要我把所有的心思意念全部放在賺錢這件事上。每個人生命中都有不同的軟弱，如果你去碰那些東西，你的心思意念會被這些事物塞滿，無法追求神的國和神的義。

　　我們都要學習這個重要的功課，不為生活所需而擔憂，要為自己所擁有的知足、感恩，那麼你就是一個自由的人。當你把生命的主軸放在神國度的目標上，你的心思意念就會充滿神賦予你的異象跟人生使命。耶穌要我們倚靠神、不要倚靠金錢，放下憂慮，為自己所擁有的知足感恩，這兩個態度都需要鍛鍊。當你認真尋求神的國和神的義，神會託付你更多屬天的資產和屬地的資產，但是神要先找到忠心的管家。

3 耶穌教導我們要將金錢投資在天上，
而非投資在地上

這處聖經說：「不要為自己積儹財寶在地上；地上有
蟲子咬，能銹壞，也有賊挖窟窿來偷。只要積儹財寶在天
上；天上沒有蟲子咬，不能銹壞，也沒有賊挖窟窿來偷。
因為你的財寶在哪裡，你的心也在那裡。」（馬太福音六章
19-21 節）耶穌說，一個最有智慧的人生，是要懂得把錢投資
在天上，而不是投資在地上。耶穌並沒有完全否定積攢財寶
的作用，但祂用「為自己」、「在地上」指出關於積攢財寶的
智慧。「為自己」就是提醒每位神的兒女不能出於自私而積攢
財寶。「在地上」相對於「在天上」，指出要將能壞的財寶變
成永恆不朽壞的價值。

如何把錢投資在天上？耶穌說：「你若願意作完全人，
可去變賣你所有的，分給窮人，就必有財寶在天上；你還
要來跟從我。」（馬太福音十九章 21 節）當你願意給予資源、
錢財的時候，就是把財寶存在天上！《豪宅》（The Mansion）
這一本書描述，有一個有錢人在地上住在豪宅裡面，但是當
他到了天堂的時候，卻只住在一間小木屋裡。但是另一個貧
窮的人卻很訝異地發現，他在天堂竟擁有一間豪宅。因為這
位窮人已經藉著在地上的各種慈善工作與出於愛心的給予，
把所有必須的材料都事先累積在天上了。耶穌說，那個寡婦
投了兩個小錢比眾人都還多，因為寡婦憑著信心把養生的都
投上了。

[把有限短暫的金錢化為永恆]

愛爾蘭裔美國巨富查克・費尼（Chuck Feeney）有一句名言：「Giving While Living！」意思是說：「在你活著的時候，你要盡你一切所能地給出去！」費尼出生在新澤西州一個愛爾蘭裔天主教平民家庭，是一個虔誠的基督徒，與妻子住在美國三藩市的租屋處裡。他，其實正是環球免稅集團（DFS）的創辦人！費尼為康奈爾大學捐了 5.88 億美元、為加州大學捐了 1.25 億美元、為史丹佛大學捐了 6,000 萬美元。他曾投入 10 億美元，改造新建愛爾蘭的七所大學和北愛爾蘭的兩所大學，並設立「微笑運動」慈善基金，為發展中國家的唇顎裂兒童做手術提供醫療費用。此外，為控制非洲的瘟疫和疾病，他投入巨額資金。這麼多年來，費尼為人低調，行善一直隱姓埋名、捐款全部匿名，直到後來被媒體發現，迄今為止，他已經捐出 80 億美元。

費尼發現，當他不想過那種需要花很多錢的生活，心靈從此獲得解放。他不再需要把人生花在滿足自己的慾望上，而是開始能關心他人、幫助他人。所以只要生意上賺到錢，他就拿出來捐給學校、教會及弱勢團體。費尼一共有五個孩子，這些兒女沒有得到特別恩寵和多少財產，在假期時，他們需要到賓館、飯店和超級市場打工。費尼強調，要在活著的時候，就要裸捐！也就是捐光資產！媒體追問他，為何非要捐得一乾二淨？他的回答很簡單，因為：「裹屍布上沒有口袋！」我們看見，這一位敬虔的基督徒把他所有的資產都投資到天上了，把有限、短暫的資源化為永恆，而且在世界上帶動影響與風潮！

　　聖經上說：「如經上所記：他施捨錢財，賙濟貧窮；他的仁義存到永遠。」（哥林多後書九章9節）很多人覺得，我要賺多一點錢，我才能夠給予。你不一定要成為億萬富豪才能投資天上，寡婦兩個小錢就已經在天上累積豪宅了。關鍵在於，你願意照著自己所擁有的去給予。耶穌說：「……要愛鄰舍如同自己。」（路加福音十章27節）神衡量我們在地上的錢，跟永恆是不一樣的。當你願意把所擁有的資源跟金錢都給出去的時候，那麼你在天上是給最多的。今天，你願不願意試試看，成為一個把資源、錢財投資在天上的人？

　　當你看到身邊或生活周遭的人，或是弱勢貧困的人，有一些特殊的需要，在自己做得到的範圍內，願意伸手幫助他們，這些就是把資源、金錢、財寶投資在天上。如果你願意按照耶穌所教導的態度和原則，來運用你這一生的資源和金錢，不僅你自己蒙福，這個世界也會因你蒙福，你在永恆會得著神的獎賞！

@本文出自旌旗教會主日信息【與耶穌對談－耶穌如何談論金錢】

讓蕭牧師為你禱告

　　有些人，你常常在問一個問題，到底人活在這個世界上有什麼意義？神要跟你說：「我的孩子，人活在這個世界上的目的，是為了得著永恆。」怎樣才能得著永恆呢？你要做這三件事情：第一、信靠耶穌基督得著永生。第二、在世界上追求神的國和神的義，做神要你做的事情。第三、把你的金錢投資在天上。

　　或者，你正面臨一個工作的抉擇，你也想到這個工作如何跟基督連結。耶穌說：「人活著不是單靠食物，而是靠神口裡所出的每一句話。」（馬太福音四章 4 節）我相信聖靈要鼓勵你並支持你，不要按照薪水多寡、不要按照獲利多寡、不要按照這世界的法則來做決定，你要勇敢起來按照神的話與神的法則來做決定。

　　還有一種人，你過去很少認真思考關於「給予」這件事，你可能常常無意識、有意識地看到需要就給出一點。神要對你說：「我的孩子，從今天開始，認真地給予、投資天上，一切都不會太遲！」給予不在乎你有多少資產和金錢，關鍵在於你的心和你的態度。神說：「當你願意開始給予的時候，我要開始累積你天上的資產！」

　　阿爸父神，我奉祢的名來宣告祝福每位弟兄姊妹，求祢幫助我們做一個有智慧的人，幫助我們知道人生是短暫的，所擁有的一切資產也是短暫的，幫助我們懂得以短暫換永恆，讓我們的生命可以發揮最大的影響力和祝福。讓我們活在這個世界上不被金錢捆綁，不做金錢的僕人，乃要成為金錢的主人。

　　禱告是奉耶穌基督的名求，阿們。

跟主耶穌說說話

來到主的面前，向祂傾訴得著安慰；
抓住神的應許，向祂祈禱使你有力量！

談到跟金錢有關的議題，對你而言，第一個會想到的挑戰或試探是什麼？如果有很多的渴望或壓力，可以跟神談一談那些感覺。

耶穌教導我們要將金錢投資在天上，而非投資在地上，聽到這樣的看法與態度，你有沒有面臨什麼樣實際操作的困難？禱告讓神來幫助你開路。

仰望神的感動
回應呼召

神在這個世代，對華人與教會，
都有特別的工作邀請你能夠參與其中，
勇敢回應神，將活出大有滿足且有力量的一生。

21世紀，
上帝賦予華人榮耀使命

　　在 20 世紀末我們經常聽到「21 世紀是華人的世紀！」這句話要傳遞的意思是，華人在 21 世紀會站上國際舞台，或許在政治、軍事或經濟上會成為一個強大力量，這些影響力固然很好，但我靈裡面特別感覺 21 世紀是華人的世紀，是指上帝要在 21 世紀給華人一個特別的使命：神將使用華人完成上帝在永恆中一個重要的旨意。

華裔是神預備數千年
「敬天尊道」的民族

　　為何說華裔是神所預備一個敬天尊道的民族呢？我想先從維基百科來了解如何定義「華裔」？

　　海外華人（或海外華裔）泛指自 19 世紀，從中國移民到世界各地的中國人及其後裔，或僑居在海外的中國公民（華僑），包括從明朝、清朝以來，在中國大陸、臺灣、香港和澳

門、東南亞部分地區不同時期的移民及後代。

華裔的總人口將近 14 億人，佔全世界人口的 18.3%，分布在台灣有 2,300 多萬人，在中國大陸有 12 億 7,000 多萬人，在新加坡、馬來西亞，也有很多華人的後裔住在那地方，所以，神早已把華人布滿在全世界了。

華裔是敬天的民族

在北京郊區有個地方叫做天壇，「天壇」這一稱謂是怎麼來的呢？從字面上講，壇是用土築的高台，古時用於祭祀及朝會盟誓等大事。《禮記‧祭法》提到：「燔柴於泰壇，祭天也！」明朝為了祭天祈穀而在「天壇」建了祭祀之地，到了清朝仍為皇家祭天祈穀之所。因此取名為「天壇」，「天壇」之稱，即由此而來。

而天壇具備什麼意義與功能呢？根據史料記載，祭祀天地的活動可追溯到公元前 2000 年，尚處於奴隸制社會的夏朝時代。因為古代帝王自稱「天子」，他們對天地非常崇敬，歷史上每位皇帝都會在「冬至」的時候舉行祭天，把祭天當成一項非常重要的政治活動。

我曾經去過天壇，排隊排很久才來到它的門口，往天壇裡面一看，會發現並看不到什麼關公、菩薩像等等那些我們常拜的民間神像，只有列了幾個牌位，牌位上面寫著「皇天上帝」。

　　皇天上帝一詞乃是原於古老的華夏文明，史書中最早出現「上帝」一詞記載的書籍是《尚書》和《詩經》，昊天上帝（尚書）或皇天上帝，是上天、天帝、天父（與「地母」相對）、皇天（與「後土」相對）、老天爺等的正式稱謂。中國先秦上古時期的「上帝」意為泛指主宰天地宇宙的神。明代利瑪竇將天主教傳至中國，為了便于傳教，便將拉丁文「Deus」翻譯成中文古經書所稱之「上帝」；當時的書冊《天主釋義》說：「天主何？上帝也」。

　　既然皇帝自稱為「天子」，表示他的權力是從天而來的，他在告訴天下說：他是天的兒子，所以當他祭天、敬拜天的時候，等於是在敬拜這位天父上帝賦予他權柄，他才可以成為皇帝帶領整個中國。天壇中的牌位「皇天上帝」，是指對「天」的一個統稱，我覺得更準確的說法應該是指「天父上帝」。這裡的「天」是指「天父」，應該是非常合理的說法。

　　如果你是華裔的話，那麼在你的血液裡，存在著敬拜天父上帝的 DNA，因為我們歷代的祖先、歷代的朝代、歷代的皇帝，都在每一年的冬季，帶著全國文武百官、人民百姓，在天壇向天來敬拜，而這個天的定義就是皇天上帝，或者說是天父上帝，所以說，華裔是一個敬天的民族！

華裔是尊道的民族

　　孔子是中國非常重要的文人，他的著作《禮運大同篇》的道理也隱含在華人 DNA 當中。《禮運大同篇》提到：大道

之行也，天下為公。選賢與能，講信修睦。故人不獨親其親，不獨子其子；使老有所終，壯有所用，幼有所長，矜、寡、孤、獨、廢疾者，皆有所養；男有分，女有歸。貨，惡其棄於地也，不必藏於己；力，惡其不出於身也，不必為己。是故謀閉而不興，盜竊亂賊而不作，故外戶而不閉，是謂「大同」。

「大道之行也，天下為公」至少包含兩個意涵：
1. 天下：政權，非屬君主一人，應該是屬於大（公）眾的。
2. 大道：是指有一種宇宙法則，或公理、公道，是放諸天下皆準的概念。

《禮運大同篇》中所提到的理想世界，我覺得在天國最容易實現！

聖經中的詩篇第 19 篇，也提到「公道，自在人心念」類似的概念：「天述說神的榮耀，穹蒼傳揚他的手段。這日到那日發出言語，這夜到那夜傳出知識。無言無語，也無聲音可聽。他的量帶（rule，法則）通遍天下，他的言語傳到地極。」（詩篇十九篇 1-4a 節）

「量帶」的希伯來原文，英文翻譯成 rule，rule 就是一種法則、規則的意思，換句話說，神的手段、神的知識、神的公理，好像是法則一樣傳遍全天下，每個人心中都有一把尺，跟我們華人所說的「公道自在人心」不謀而合。

所以我要特別說，數千年來，華人心中已經有非常尊敬「道」的概念，全天下都有一種公道自在人心的概念，這就好像是說，當你去到哪個地方，只要說一個人是誠實可靠的，

大家都會認為他的做法是對的，而不會說有一個小偷或說謊的人，大家卻說他是一個很棒的人。

「宇宙被造以前，道已經存在。道與上帝同在；道是上帝。在太初，道就與上帝同在。上帝藉著他創造萬有；在整個創造中，沒有一樣不是藉著他造的。道就是生命的根源，這生命把光賜給人類。」（約翰福音一章 1-4 節）

「道成為人（耶穌基督），住在我們當中，充滿著恩典和真理。我們看見了他的榮耀，這榮耀正是父親的獨子所當得的。沒有人見過上帝，只有獨子（耶穌基督），就是跟父親最親密的那一位，把他啟示出來。」（約翰福音一章 14、18 節）

新約在約翰福音裡，把「道」定義的更加清楚。公道自在人心的這個「道」，其實祂是太初就存在，而且道與神同在，道就是神，這個道成為人的樣式住在我們當中，充充滿滿的有恩典跟真理，這裡提到「道成肉身」的這個人，其實就是耶穌基督，耶穌就是永恆的道，也是中國人心中一直尊崇的那個道，耶穌基督就是神的本身，祂成為人的樣式，把上帝的救恩帶來、把上帝表明出來。

當古代皇帝敬天的時候，天有什麼樣的個性？有什麼樣的喜好？天是一個怎樣的一個天呢？沒有人知道，因為從來沒有人見過天，可是聖經上說，從來沒有人見過上帝，只有這位天父上帝的獨生子，耶穌基督把祂表明出來，因為祂是跟天父最親密的那一位，把祂啟示出來。所以如果你要認識

天父，必須要透過這位道成肉身的耶穌基督、上帝的兒子，至於我們如何知道祂是上帝的兒子，因為祂死了三天，第三天從死裡復活，證明祂勝過死亡的權勢，從死裡復活，證明祂是上帝的兒子。

耶穌說：「我就是道路、真理、生命。若不藉著我，沒有人能到父那裡去。」（約翰福音十四章6節）聖經把這個道的意義，講的非常清楚，讓我們對於「天」的概念，不再模糊抽象。「道」就是這位耶穌基督，祂自己成為肉身進入人類的歷史，向我們顯明天父慈愛的心，耶穌基督用自己的身體為我們受難，來承擔我們的罪，為我們鋪出一條路，能夠回到天父的懷抱裡，使我們跟神之間，因為罪的隔閡被挪開，可以跟天父上帝建立美好的關係。

華裔要復興起來，回應基督末後的呼召

耶穌說：「這天國的福音要傳遍天下，對萬民作見證，然後末期才來到。」（馬太福音二十四章14節）耶穌說，祂所帶來的福音要傳遍天下，對萬民作見證，最後人類的歷史才會結束。21世紀是華人身負重要使命的世紀，如果你是華人，我相信神已經向你發出呼召，神要你起來回應基督末後的呼召，把福音傳遍全天下。

舊約中有一個先知叫做以西結，他曾經有過一段特殊經歷：「耶和華的靈（原文是手）降在我身上，耶和華藉他的靈帶我出去，將我放在平原中，這平原遍滿骸骨。他使我從骸骨的四圍經過，誰知在平原的骸骨甚多，而且極其枯乾。他對我說：「人子啊，這些骸骨能復活嗎？」我說：「主耶和華啊，你是知道的。」他又對我說：「你向這些骸骨發預言說：『枯乾的骸骨啊，要聽耶和華的話！主耶和華對這些骸骨如此說：我必使氣息進入你們裡面，你們就要活了。我必給你們加上筋，使你們長肉，又將皮遮蔽你們，使氣息進入你們裡面，你們就要活了，你們便知道我是耶和華。』」於是，我遵命說預言。正說預言的時候，不料，有響聲，有地震，骨與骨互相聯絡。我觀看，見骸骨上有筋，也長了肉，又有皮遮蔽其上，只是還沒有氣息。主對我說：「人子啊，你要發預言，向風發預言說：『主耶和華如此說：氣息啊，要從四方（原文是風）而來，吹在這些被殺的人身上，使他們活了！』」於是我遵命說預言，氣息就進入骸骨，骸骨便活了，並且站起來，成為極大的軍隊。」（以西結書三十七章 1-10 節）

從屬靈上來看，數千年以來的華人，很多時候也成為政治的犧牲品、受到殘害，好像在屬靈裡面也像是一片骸骨，但是我覺得在末後的世代，神復活的氣息要吹向全世界的華人。我宣告十四億的華人，在屬靈裡面要復活起來，成為耶和華極大的軍隊。

我相信我們當中有很多處在世界各地的華人，可能你已經在你所居地生活了很多年，或許覺得自己過得也還不錯，

可是你總覺得生命當中，好像還有一些使命沒有完成，總覺得內心沒有感到非常滿足，我相信神要把這個使命給你，神要把一個復活的氣息吹進你心裡，帶領你把上帝的福音傳遍全世界。

華裔要為世界做光做鹽

「你不要懼怕，因為我與你同在；我必把你的後裔從東方領回來，又從西方招聚你。我要對北方說：「把他們交出來！」又對南方說：「不要拘留他們！」要把我的眾子從遠方帶回來，把我的女兒從地極領回來，就是所有按著我的名被召的人，是我為自己的榮耀創造的，是我所塑造，所作成的。」（以賽亞書四十三章 5-7 節）

我們都是被神預備數千年的華裔，而且神把敬天尊道的 DNA 放在我們裡面，其實這有兩個很重要的意義，第一個意義就是：我們要歸信真道，我們要信耶穌得著福音的好處。第二個重要的意義是：我們要把福音傳遍天下。

在我們當中看到這篇信息的華人，你可能是移民到現在所居住的國家已經很多年，甚至很多代了，我靈裡面特別感動是，當你看到這篇信息，你可能想起來，當初你的祖先或你的父執輩們，其實他們是信主的基督徒，他們當時移民到這個國家去，是帶著想要建立教會的心志去的，但是可能那一代都過去了，但是好像沒有真正在那地方建立教會或傳揚福音，但是你知道這個歷史、故事。

　　我要特別鼓勵、呼召這樣子的華人，起來在你的僑居地，對你身邊許多的華人朋友關係網傳福音、在那地方建立教會。我靈裡面覺得，神要再次挑旺你曾經有過的傳福音、建立教會的負擔跟熱情，而且神會為你開路，讓你可以實際參與其中，看見耶穌基督的福音、敬拜這位天父上帝、還有遵從永恆的道的福音，能夠傳遍全天下。我相信這是神在 21 世紀，要召聚全球華人，回應這末後非常重要的呼召跟使命，讓我們一起來建立華人的教會。

@本文出自旌旗教會主日信息【21 世紀耶穌的教會— 21 世紀華人的使命】

讓蕭牧師為你禱告

　　主，謝謝祢，祢在數千年前，就把一個敬畏祢的心、遵從祢的道的心，流淌在我們的血液裡，主耶穌，在 21 世紀末後的世代，求你幫助全球的華人，起來成為耶和華極大的軍隊，把祢的福音傳遍全世界，來完成祢對末後的使命跟呼召，讓我們都可以從現在的生活裡再次被喚醒。

　　主，讓我們可以回應祢在我們生命中的呼召跟命定，讓我們活得非常有熱情，活得非常有意義，在遍地建立基督的教會，傳揚祢榮耀的福音，我宣告這樣的恩典跟祝福，臨到在每一位看到這篇信息的華人身上。

　　禱告宣告都是奉耶穌基督的名，阿們。

跟主耶穌 說說話

來到主的面前,向祂傾訴得著安慰;
抓住神的應許,向祂祈禱使你有力量!

蕭牧師從神而來的領受,感受到神在這個世紀對華人有
特別的心意,這當中有沒有哪一個部分最觸動你?

當你聽到這篇信息,請安靜來思想,在你目前的生命處
境中,可以做些什麼來回應神的這項邀請?

21世紀，
教會如何看待世界需要

　　教會要怎麼樣來看待世界的問題？這是一個非常大的議題！世界整個的問題就是人心的問題，而人心的問題，則是關乎自我形象的問題。教會本來就該回應這世界的需要，幫助世人在基督裡重拾神造人的形象。

世界整個的問題，
就是人心的問題

　　神說：「我們要照著我們的形象，按著我們的樣式造人，使他們管理海裡的魚、空中的鳥、地上的牲畜和全地，並地上所爬的一切昆蟲。」神就照著自己的形象造人，乃是照著他的形象，造男造女。神就賜福給他們……（創世記一章 26- 28 節）

　　神一開始創造人類的時候，把祂自己最榮耀的形象給了我們，所以照理說，我們應該有最健全、充滿榮耀的自我形

象，但是為什麼我們會有自我形象的問題呢？聖經上提到說：
「因為世人都犯了罪，虧缺了神的榮耀。」（羅馬書三章23
節）事實上人的自我形象，從人犯罪之後就開始墮落了，一
旦虧缺了神的形象，人就覺得自己很糟糕，會擔心別人如果
真正認識了解我，他們一定不會喜歡我，所以不能讓別人真
正認識我。

亞當跟夏娃是按照神的形象所造的，但是當他們犯了罪，
覺得做了不好的事情，神一定不會原諒他們，所以當神再次
來到伊甸園找他們的時候，他們就把自己躲藏起來不敢見神。
然後當神問他們，你們做了什麼事情的時候，亞當跟夏娃便
開始彼此指責。人犯罪之後就是自我形象墮落，然後自我隔
離，再來就是彼此隔離，因而造成人自我形象的問題，也造
成這世界很多的問題。

人心的問題，
就是自我形象的問題

「……這新人是照著神的形象造的，有真理的仁義和
聖潔。」（以弗所書四章24節）神解決世界問題的方法論，
就是要再次把祂的形象恢復在我們身上，一個在基督裡的人，
就會恢復神造他的形象，充滿真理的仁義跟聖潔。這是教會
面對這個世界的問題，所提出的答案、解決辦法，教會要成

為天父的家，要歡迎接納所有的浪子回家。如同亞當跟夏娃犯罪之後，當神來到伊甸園找他們的時候，他們不敢面對神，但其實神並不想要我們變成這樣子。的確，世人都犯了罪，沒有一個人在神面前不是一個罪人，但是在基督耶穌裡，神要恢復我們的形象，而能夠被恢復的關鍵，則在於我們要信任神的愛。

　　耶穌來到地上的時候，祂用一個重要的比喻故事來表達天父的心。耶穌又說：「一個人有兩個兒子。小兒子對父親說：『父親，請你把我應得的家業分給我。』他父親就把產業分給他們。過了不多幾日，小兒子就把他一切所有的都收拾起來，往遠方去了。在那裡任意放蕩，浪費資財。既耗盡了一切所有的，又遇著那地方大遭饑荒，就窮苦起來。於是去投靠那地方的一個人，那人打發他到田裡去放豬。他恨不得拿豬所吃的豆莢充飢，也沒有人給他。他醒悟過來，就說：『我父親有多少的雇工，口糧有餘，我倒在這裡餓死嗎？我要起來，到我父親那裡去，向他說：「父親，我得罪了天，又得罪了你。從今以後，我不配稱為你的兒子，把我當做一個雇工吧！」』於是起來，往他父親那裡去。相離還遠，他父親看見，就動了慈心，跑去抱著他的頸項，連連與他親嘴。兒子說：『父親，我得罪了天，又得罪了你。從今以後，我不配稱為你的兒子。』父親卻吩咐僕人說：『把那上好的袍子快拿出來給他穿，把戒指戴在他指頭上，把鞋穿在他腳上，把那肥牛犢牽來宰了，我們可以吃喝快樂！因為我這個兒子是死而復活，失而又得的。』他們就快樂起來。」（路加福音十五章 11-24 節）

這個世界的問題，就是當人做錯事情之後，會產生很深的羞愧感，失去自我價值，認為不會再有人喜歡他，甚至認為他的家人也會拒絕他。但耶穌講這個比喻的故事，最重要的意義是說：我們的天父是一位歡迎浪子回家的父親，世界上人們的心，就好像這個浪子一樣，在尋找認同、肯定與接納，倘若找不到，就彷彿是無家可歸的，這樣的人心真的非常可憐！

世上的人心渴望被愛被接納

在我因腦瘤生病住院的時候，有一天下午我想到聖經中浪子的故事，然後有一首膾炙人口的古老西洋歌曲《老橡樹上的黃絲帶》（Tie a Yellow Ribbon Round The Old Oak Tree），在我心裡面一直迴盪，我不斷想到這首歌詞的內容，突然間，我情緒崩潰，在病床上痛哭了起來！

這首西洋歌曲，講到一個真實發生的故事。在美國賓州有一個男人，他做生意失敗，負債累累，被判刑三年，然後他服刑快要結束的時候，準備要回家了，可是這三年期間，他沒有辦法盡一個做丈夫的責任、盡到做爸爸的責任，他不知道他太太還想不想要他回家？

他決定尊重他的太太，可以有自己重新選擇的機會。所以在他服刑快要期滿的時候，他寫了一封信給他太太說：「這一切的錯誤都是我造成的，如果妳希望我回家團聚，請妳在我們家門口那棵老橡樹上面，繫一條黃絲帶，當我搭巴士經

過的時候，我若有看到黃絲帶，就會下車回家與妳團圓，但如果沒有看到黃絲帶，我就繼續搭我的巴士往前走，不會再打擾妳的生活。」結果，當天回家，他不是只看到一條黃絲帶，而是整棵樹上掛滿了成千上百條的黃絲帶，然後他就回家跟太太團圓了。

我想到這首歌的內容，也反應出這個世界上的人心，充滿孤單、無助、迷失，就好像這個男生一樣，渴望有人愛他，接納他，饒恕他過去的犯錯，特別是他所愛的家人。

教會要成為天父的家

耶穌在同樣提到浪子的故事這段聖經節裡面，又講了迷羊的比喻，他說到：「就請朋友鄰舍來，對他們說：「我失去的羊已經找著了，你們和我一同歡喜吧！」我告訴你們：一個罪人悔改，在天上也要這樣為他歡喜，較比為九十九個不用悔改的義人歡喜更大。」（路加福音十五章 6-7 節）

此外，耶穌還講到一個失錢的比喻：「找著了，就請朋友鄰舍來，對他們說：我失落的那塊錢已經找著了，你們和我一同歡喜吧！我告訴你們：一個罪人悔改，在神的使者面前也是這樣為他歡喜。」（路加福音十五章 9-10 節）

耶穌從「浪子」到「迷羊」、「失錢」的這些故事，向我們表達天父是歡迎浪子回家的。耶穌給我們一個很清楚的圖像是，如果有一個人回家，在天上是要幫他開派對的！

教會要幫助世人，在基督裡重拾
神造人的形象

　　耶穌到底要教會做什麼呢，在馬太福音第 25 章這裡講得很清楚。

　　「當人子在他榮耀裡同著眾天使降臨的時候，要坐在他榮耀的寶座上。萬民都要聚集在他面前，他要把他們分別出來，好像牧羊的分別綿羊山羊一般：把綿羊安置在右邊，山羊在左邊。於是，王要向那右邊的說：『你們這蒙我父賜福的，可來承受那創世以來為你們所預備的國。因為我餓了，你們給我吃；渴了，你們給我喝；我做客旅，你們留我住；我赤身露體，你們給我穿；我病了，你們看顧我；我在監裡，你們來看我。』義人就回答說：『主啊，我們什麼時候見你餓了給你吃，渴了給你喝？什麼時候見你做客旅留你住，或是赤身露體給你穿？又什麼時候見你病了或是在監裡，來看你呢？』王要回答說：『我實在告訴你們：這些事你們既做在我這弟兄中一個最小的身上，就是做在我身上了。』王又要向那左邊的說：『你們這被咒詛的人，離開我，進入那為魔鬼和他的使者所預備的永火裡去！因為我餓了，你們不給我吃；渴了，你們不給我喝；我做客旅，你們不留我住；我赤身露體，你們不給我穿；我病了，我在監裡，你們不來看顧我。』他們也要回答說：『主啊，我們什麼時候見你餓了，或渴了，或做客旅，或赤身露體，或病了，或在監裡，不伺候你呢？』王要回答說：『我實在

告訴你們：這些事你們既不做在我這弟兄中一個最小的身上，就是不做在我身上了。』這些人要往永刑裡去，那些義人要往永生裡去。」（馬太福音二十五章 31-46 節）

耶穌說，當你看到你旁邊有需要的人，你有沒有接納他、接待他？有沒有按照他的需要來供應他？這是非常重要的一件事情，我也受到很深的提醒。從 2021 年初開始，旌旗教會就開始思考，要如何幫助那些無家者或是社會的邊緣份子。無家的人其實有很多種形式，有些人是沒有實體的家，但是很多人，是在內心裡感到無家可歸的，這些人都很需要我們的關懷。

後來，我們教會就展開了關懷街友的事工，其中有一個街友，他本來已經打算去自殺了，但是因為教會去關心他，就挽回了他。有很多人心裡覺得空虛沒有活著的盼望，如果我們能給他們一些陪伴與支持，他們的人生會完全不同，這是教會應該起來做的事情，如果每一間教會都可以這麼做，這個世界會變得很不一樣。

SOS 服事我們的救主

在推動關懷無家者事工的期間，我領受到一個英文字 SOS，SOS 原本是一個緊急的訊號，但我格外領受到一個含義是「Serve Our Savior」（服事我們的救主）。當我們去關心幫助那些最有需要的人，表面上看起來，好像是做在人的身上，但耶穌說，這就是做在我的身上，因為耶穌說：「我實在

告訴你們，你們所作的，只要是作在我一個最小的弟兄身上，就是作在我的身上了。」（馬太福音二十五章 40 節）

　　有人不禁會想說，如果教會接待街友，那整個教會可能就充滿了街友，這樣合適嗎？我想到耶穌那個時代，在所羅門聖殿的廊下，常態都是充滿了許多的遊民、乞丐、貧窮者，所以才有美門那個瘸子被彼得醫治的故事。

　　耶穌進到聖殿，並沒有去趕除那些貧窮者、乞丐，因為讓聖殿污穢的，並不是那些看起來很髒亂、沒有文化的人，事實上讓聖殿污穢的是在裡面做買賣的人，所以當耶穌潔淨聖殿的時候，並不是把那些遊民驅離，而是把那些兌換銀錢、做買賣的人趕走。所以，神的殿是歡迎所有軟弱的、有需要的、貧窮的人，我相信這是一個神的教會非常重要的形象。

　　神要祂的教會起來成為天父的家，歡迎所有迷失的人、浪子，所有無論是實質上或是心靈上無家可歸的人，都可以在天父的家裡被愛、被接納、被肯定，神會因此醫治許多人的心，讓我們重新跟神產生好的連結，恢復上帝的形象在我們裡面，自我形象能夠健全起來。

@本文出自旌旗教會主日信息【21 世紀耶穌的教會－教會如何看待世界的需要】

讓蕭牧師為你禱告

　　我靈裡面覺得，有些人你可能曾經做錯一些事情，覺得很難原諒自己、接納自己，甚至你的家人也拒絕你，不願意再跟你溝通，甚至你過去很在乎的人，他們也都跟你保持距離了。你覺得活在這個世界上，好像變得很孤單，你覺得你好像是一個心靈無家可歸的人。我特別要跟這樣的人說，天父歡迎你回家，天父要擁抱你，宣稱你就是祂的兒子，妳就是祂的女兒。當然回到教會是很重要的，但是第一個很重要就是，再次來到神的面前，神說，祂非常的愛你，祂沒有拒絕你，祂在你身上的呼召跟命定並沒有改變，祂要一步一步地帶領你，讓你的生命重新恢復健康的自我形象。

　　我要特別為這樣子的弟兄姊妹來禱告，求主耶穌再次擁抱你們，接待你們像接待那個浪子一樣，再次恢復你們在基督裡面的身分，再次恢復榮耀的形象，恢復在天國家中的身分。

　　在我們當中可能有人，你還不是基督徒，或者你還不太確定，你跟這位上帝之間的關係，但是可能你這一生當中，曾經做錯一些事情，有很多的自責愧疚，不論是對自己或對你的家人，對你周遭愛的人，你也不知道該怎麼面對這件事情。我相信神要恢復一個神的形象在你生命當中，你可以跟著我做以下的禱告：「親愛的主耶穌，在這個時候，我願意打開我的心，邀請你進到我的心中來，成為我的救主，還有我生命的主宰，我請求祢赦免我的罪，寬恕我一切的過犯，恢復神祢的形象在我身上，讓我裡裡外外有一個健康的自我形象，是神祢自己榮耀的形象，我把自己交託給祢，我這樣子禱告，是奉耶穌基督的名，阿們。」當你做了這個禱告，我相信天父要跟你說：我的孩子，歡迎你回家了！

　　我感謝主，謝謝祢再次把祢的話向我們顯明，主耶穌，我們承認有些時候，我們太專注於自己，我們忽略了祢放在我們周邊有需要的人。主，求祢幫助我們，不要忽略那些祢放在我們旁邊的人，讓我們能夠表達天父的心，來接納那些心裡流離失所，在尋找被肯定、被寬恕、被愛、被接納的人。主，我宣告這些浪子的心都要回天父的家，祢要擁抱接待他們、愛他們，讓他們能夠恢復榮耀的自我形象，帶來人生最大的祝福。

　　禱告是奉耶穌基督的名求，阿們。

跟主耶穌說說話

來到主的面前，向祂傾訴得著安慰；
抓住神的應許，向祂祈禱使你有力量！

在你的生活中，有沒有經常特別想要關懷、關注的某一些族群或社會現象？

蕭牧師領受到 SOS（Serve Our Savior），鼓勵你來「服事我們的救主」，神若感動教會要成為天父的家，你願意參與在什麼樣的付出行動當中呢？

作　　者　　蕭祥修
編　　審　　劉育孜
圖片提供　　旌旗教會

總編輯　　張芳玲
編輯主任　　張焙宜
主　　編　　張焙宜
美術設計　　艾瑞克

太雅出版社
TEL：(02)2368-7911　FAX：(02)2368-1531
E-mail：taiya@morningstar.com.tw
基督教「合作出版」業務，請洽太雅出版社
太雅網址：http://taiya.morningstar.com.tw
購書網址：http://www.morningstar.com.tw
讀者專線：(02)2367-2044、(02)2367-2047

出 版 者　　太雅出版有限公司
　　　　　　106 台北市大安區辛亥路一段 30 號 9 樓
　　　　　　行政院新聞局局版台業字第五〇〇四號

讀者服務專線　TEL：(02)23672044 / (04)23595819#230
讀者傳真專線　FAX：(02)23635741 /(04)23595493
讀者專用信箱　service@morningstar.com.tw
網路書店　　　http://www.morningstar.com.tw
郵政劃撥　　　15060393（知己圖書股份有限公司）

法律顧問　　陳思成律師
印　　刷　　上好印刷股份有限公司　TEL：(04)2315-0280
裝　　訂　　大和精緻製訂股份有限公司　TEL：(04)2311-0221

初　　版　　西元 2021 年 9 月 1 日
定　　價　　350 元
（本書如有破損或缺頁，退換書請寄至：台中市西屯區工業 30 路 1 號　太雅出版倉儲部收）

ISBN 978-986-336-415-3
Published by TAIYA Publishing Co.,Ltd.
Printed in Taiwan

國家圖書館出版品預行編目 (CIP) 資料

轉眼仰望 / 蕭祥修作 . -- 初版 . -- 臺北市
：太雅出版有限公司 , 2021.09
　　面；　公分 . --（轉化；3）
ISBN 978-986-336-415-3（平裝）

1. 基督徒　2. 信仰

244.9　　　　　　　　　　　110010639